重点大学计算机教材

U0585861

# 服务工程与实践

王树良 曾一昕 夏靖龙 编著

WUHAN UNIVERSITY PRESS
武汉大学出版社

**图书在版编目（CIP）数据**

服务工程与实践/王树良,曾一昕,夏靖龙编著. —武汉:武汉大学出版社,
2012. 8
重点大学计算机教材
ISBN 978-7-307-10059-6

Ⅰ.服…　Ⅱ.①王…　②曾…　③夏…　Ⅲ.服务经济—高等学校—教材　Ⅳ.F719

中国版本图书馆 CIP 数据核字(2012)第 177060 号

责任编辑:林　莉　　　责任校对:刘　欣　　　版式设计:支　笛

出版发行:**武汉大学出版社**　　(430072　武昌　珞珈山)
　　　　　(电子邮件:cbs22@whu.edu.cn 网址:www.wdp.whu.edu.cn)
印刷:通山金地印务有限公司
开本:787×1092　1/16　印张:11.25　字数:283 千字　插页:1
版次:2012 年 8 月第 1 版　　2012 年 8 月第 1 次印刷
ISBN 978-7-307-10059-6/F·1700　　　定价:25.00 元

# 前　言

　　20 世纪 80 年代初，我国第二产业飞速发展，成为一名工程师是很多年轻人的梦想。而在同时代的欧美发达国家，"工程师"早已不是忙碌于工厂车间做工业设计人员的专利了。"工程"一词开始从资源密集型、劳动力密集型产业中分离出来，更多地与知识密集型产业结合在一起，继而产生了软件工程、金融工程、通信工程等新的工程学科分支，以及软件工程师等新兴岗位。随着工程学科的分支日趋精细，人们不禁追问，这些第三产业独有的工程学支流，其源头在哪？它们又将往何处发展？该如何应用？这些都是亟待服务工程来解答的问题。此外，传统的服务模式和思维已经逐渐不能满足需求，现代化的新兴服务已经渗透于生活的每一个细节之中。当我们从 ATM 机中存取钱时，这是一种服务；在互联网上预定机票，也是一种服务；在校园中使用一卡通吃饭购物，又是一种服务；使用即时通信软件、社交网站与朋友保持联系，还是一种服务。所有的这些服务，在十几年前、甚至几年前都还尚未出现，而今天它们却已经成为现代生活中不可缺少的一部分。新兴的服务携手新的技术、新的思维，正在以一种不思议的速度改变着每一个人的生活，改变着企业的商业模式，甚至改变着世界各国之间的竞争形态，而在这一切背后，新兴服务依托的正是不断复杂化的服务系统。它就像一个庞大的机器从生活中的不同层面逐渐展开，然而学术界对它却知之甚少，学校能告诉你如何制造一台飞机，却没有一个专门独立的学科来阐述该如何构建一个面向未来的服务系统，这也是研究服务工程的重要原因之一。

　　2007 年 3 月，国务院发布了《国务院关于加快发展服务业的若干意见》，随后各地方政府加快促进现代服务业发展的政策制定和人才培养工作，电子商务、电子政务、远程教育、远程医疗等现代服务业发展日新月异。同年，武汉大学国际软件学院获得了服务科学的硕士学位和博士学位的授予权，是一级学科管理科学与工程下的二级学科，授予管理学学位。根据学位的知识背景和学科发展规划，把软件工程、数字工程和管理科学与工程交叉研究，先后开辟了管理决策支持系统、项目管理、服务工程、数字工程与管理等四个方向进行服务科学的研究和学科建设。其中，服务工程的研究主要围绕信息服务、电子商务、电子政务、远程教育、远程医疗和电子社区的管理模式、运行机制与技术支持，为跨领域、跨平台、跨行业的软件服务信息交换与集成提供理论支持，此外，其侧重于软件服务的模式创新、架构设计、信息共享模型以及应用平台和技术，目标为现代服务行业的发展和创新提供理论与技术基础。

　　本书共分为 9 章，其中前 7 章以服务工程相关理论为主，后两章为具体实践案例。在理论部分，首先从服务工程相关基本概念展开，然后简要介绍了服务工程的方法体系，接着具体介绍了服务模式创新的相关理论和实践案例，之后进一步介绍服务建模的具体方法，以及服务要素和服务资产相关理论，最后具体介绍了基于 SOA 的服务系统开发方法，以及服务质量、服务评价相关理论方法。在实践案例部分，鉴于目前移动互联网相关服务的逐渐兴起，故特别介绍移动 OA 系统的设计与实现，另一个案例为电子政府方向，介绍城市交通综合数据信息库的分析与设计。

在本书的写作过程中，得到很多帮助和支持，李奕锦、谢洁芳等搜集整理材料、多次阅读修改，IBM 公司的专家提出很多有益建议，也吸收了清华大学、北京大学、哈尔滨工业大学等兄弟院校的部分经验。谨此感谢！

最后感谢武汉大学出版社，特别是林莉老师的大力支持。

由于本书涉及的内容广泛且时效性强，限于研究深度和水平有限，难免存在错误和欠妥之处，恳请专家和广大读者批评指正。

**作 者**

2012 年 7 月

# 目　录

# 第1章  基本概念

本章将首先概述服务科学的基本理论，然后借鉴系统工程和软件工程等已有学科的知识，给出服务工程的相关概念和知识框架，并初步探索服务工程的研究意义、基本过程和主要内容。具体内容安排如图 1-1 所示。

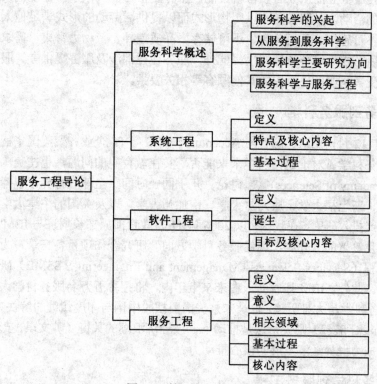

图 1-1  第一章内容导图

## 1.1  从服务到服务工程

在以知识为基础的信息社会中，服务业是人类社会的支柱产业之一，以服务工程促进现代服务业的可持续健康发展，已经成为全球社会经济发展的必然。

### 1.1.1  服务

"服务"是可供有偿转让的一种或一系列活动，它具有无形特征却可给人带来某种利益或满足感。服务的概念最初源于 1930 年美国工业标准分类码，其中不属于农业和制造业的其他活动即为服务。服务与产品本质上的区别在于，服务是一种供需活动，并不存在客观的物理实体。服务的内涵非常广泛，且随着社会的发展还在不断地拓展。目前世界上对服务还没有公认的、规范的定义，许多学者都从各自的研究需要出发，从不同的角度来定义服务，Ted Hill 在 1977 年给出了一个得到较为广泛认同的概念定义，他认为"服务是在人或经济实体（A）允许的前提下，由其他经济实体（B）所提供并执行的某些活动，给 A 带来状况的改善"；IBM 将服务定义为"顾客和服务提供商之间为创造和获取价值而进行的一种交互过程和交互协议"。这些服务定义的共同点都是强调"两方或多方之间发生的一种交换，以及顾客获取的一种无形的价值或状况改善"，以此为核心的服务业在日常生活中随处可见。

在现代服务业中，一般将"服务"理解为，被服务者和提供服务者在一定的技术，资金和设备等基础上的互动，以合作创造价值并获取价值的过程。这种过程，不仅能给企业带来新利润，还能使服务业的从业者获得新技能。服务是指为他人做事，并使他人从中受益的一种有偿或无偿的活动，且服务是不以实物形式而以提供活劳动的形式满足他人的某种特殊需要。服务具有不可感知、不可分离、不可储存、品质差异、劳动力密集、需求波动、顾客参与服务过程、所有权不可转让等特性。此外，服务往往都涉及服务提供者、服务设备、客观环境、服务接受者、服务环境中的其他顾客等相关要素。

## 1.1.2 从服务到服务科学

在 2006 年 12 月，IBM、惠普与 Accenture、EDS 等 IT 企业齐聚美国华盛顿，讨论一门新学问——服务科学。对于这门科学未来能否落实在教育中的问题，也在美国国家科学研究院(National Academy of Sciences)掀起讨论。几乎同一时间，全球教育界，包括美国的加州大学柏克莱分校、斯坦福大学、康乃尔大学、南加州大学，以及英国的牛津大学，都已经悄悄开设相关课程或投入研究。在我国，以 2006 年 11 月教育部原部长周济与 IBM 总裁兼首席执行官彭明盛先生签署的《开展"现代服务科学方向"研究合作项目备忘录》为标志，服务科学、管理与工程（Services Sciences, Management and Engineering, SSME）研究开始在国内学界受到重视。此外，IBM 还宣布，在未来十年内，将招募五万名服务科学人才。随后《纽约时报》称服务科学是大势所趋，也是未来美国要摆脱中国与印度纠缠的解决方案。美国《商业周刊》(Business Week) 则说，这是推动下一波经济浪潮的关键（旷文琪，彭婡琳，2006）。服务科学正在成为世界经济发展的核心推动力。

## 1.1.3 从服务科学到服务工程

在现代服务业奔腾发展的今天，服务已经逐步取代产品成为价值的核心。而这些代表核心价值的服务往往比传统产品线的系统更加复杂，因为很多时候，这些系统是看不见摸不着的，而这正是服务工程的意义所在。

从服务的视角来看，传统的服务模式和思维已经逐渐不能满足需求，现代化的新兴服务已经渗透于生活的每一个细节之中。当我们从 ATM 机中存取钱时，这是一种服务；在互联网上预订机票，也是一种服务；在校园中使用一卡通吃饭购物，又是一种服务；使用即时通讯软件、社交网站与朋友保持联系，还是一种服务。所有的这些服务，在十几年前、甚至几年前都还尚未出现，而今天它们却已经成为生活中不可缺少的一部分。新兴的服务携手新的技术、新的思维，正在以一种不可思议的速度改变着每一个人的生活，改变着企业的商业模式，甚至改变着世界各个国家之间的竞争形态，而在这一切背后，新兴服务依托的正是不断复杂化的服务系统。它就像一个庞大的机器从生活不同层面逐渐展开，然而学术界对它却知之甚少，学校能告诉你如何制造一架飞机，却没有一个专门独立的学科来阐述该如何构建一个面向未来的服务系统，这也是研究服务工程的重要原因之一。

从工程的角度来看，研究系统工程的意义源于服务系统所面临的诸多挑战（Avishai Mandelbaum，2007）：在服务策略中，需要解决诸如服务质量级别的决定因素、人工服务和自助服务的取舍、个性化服务和标准化服务的选择、服务的公正担保等问题；在服务界面/服务体验方面，不同服务系统需要根据不同情况，针对诸如电话、邮件、传真、信件或面对面服务等采取不同的决策；在服务流程环节，可能要面对诸如前台或者后台化处理、连续性任务或者平行化任务处理等抉择；在对服务系统的控制方面，可能需要考量授权人、优先权、以技能为基础的路径选择以及关于绩效的激励控制等；在服务资源方面，大多数情况下，会面临服务人员安置、线上线下设置、转化结构等问题；在服务环境方面，餐饮服务可能需要进行等待经验研究，而通信服务系统中，需要面临诸如拨号失败后是给用户以忙音反馈还是音乐的选择，以及其他服务系统中信息交付问题；在服务营销中，需要应用商业知识，来应对顾客细分、交叉销售还是捆绑销售的选择、营销运营接口等问题；而在服务的信息系统中，又需要运用软件工程相关知识来解决数据库设计，或者更基本的线上线下咨询问题等；在服务系统中的人为因素方面，需要将企业或者组织的成员视为系统中的重要组成部分，故也要为其考虑诸如职业路径、激励机制、雇佣策略、选择雇佣全职还是兼职等问题。

为了应对这些挑战，服务工程的概念应运而生。服务工程是服务科学的实践应用，研究如何去构建一个服务系统，一个服务生态。在服务工程中，系统工程能将服务的构建从传统思维中解脱出来，系统科学的思维和方法应对存在于用户、服务者、管理者以及社会间微妙的矛盾关系，然后通过软件工程相关知识，基于科学化（通常是通过软件）设计出相关规则和工具，以支持服务系统的运作，最终平衡服务的质量、效率和收益。

## 1.2  服务工程的基本内容

服务工程的内涵是基于服务科学理论实践，解决实际问题的方法论，是最终的应用环节。IBM 将其定义为：“通过发明与应用新技术以改善服务系统伸缩性的方法。”J. M. Tien 认为服务工程是一种多学科的方法体系，从系统全生命周期、控制机制和客户三个角度来研究服务系统。

从学科角度看，服务工程是一门面向需求而设立，依托系统工程、软件工程、管理工程等多门学科的一门新兴复合交叉学科；从商业角度看，服务工程就是帮助设计、构建和部署服务系统，使服务企业更好地满足顾客的需求；从工程学角度看，服务工程是运用服务科学相关理论和知识，来描述和定义、设计、建立、实施、运行维护和动态重构服务系统，并提供相关服务系统支撑工具和平台/环境，进而创造服务价值的方法和技术。

### 1.2.1  服务工程的内容

服务工程主要涉及八个方面：①服务方法体系；②服务需求工程；③服务分析、表示、建模、仿真与优化；④服务领域知识工程；⑤服务解决方案与服务提交；⑥服务生命周期管理；⑦服务性能评价与管理；⑧服务工程支撑环境。下面简要介绍其中一些核心概念，后续章节中将会进一步具体讲解。

**1. 服务方法体系**

服务方法体系（MSE）可简要定义为对服务系统进行架构与功能规划、描述/建模、构建及性能评价的方法体系，根据服务系统的生命周期，可以抽象出模型、建模、构建、评价和平台/工具共五个要素。这五个要素涵盖了服务的全生命周期，通过调查分析顾客需求，采用按需服务（On-Demand Service）的思想进行服务设计，建立一套顾客和企业理解一致的服务模型；然后利用服务构建方法将服务模型转化为可运行的服务系统，以支持现场服务，完成服务的开发与部署；对于要建立或已经建立的服务模型/服务系统，提供相应的评价方法加以评价，以支持优化；服务的建模、系统构建及评价由相应的开发平台和软件工具来实现。

**2. 服务需求工程**

服务需求工程与软件需求工程类似。是为了满足顾客需求，对其需求进行开发的活动，这个过程中首先需要正确地理解和描述顾客的服务需求，并建立一套能够准确描述需求的服务模型，为未来的服务系统构建打下基础。

**3. 服务建模**

生物学中常通过人体模型介绍人体的构造与生理知识，尽管人体模型不会像真人那样拥有毛细血管等细节，但它仍然可以帮助了解人体。服务科学中也是如此，需要通过构建服务模型来模拟服务系统。而建模就是一个将需求转变成模型的过程，并且最终指导系统实施生成，这其中包括模型的建立、模型的细化，以及模型之间的转换等。

模型形式化地刻画了服务系统及各类服务要素，包括资源、能力、人员、行为、过程等；建模是指模型建立的过程及方法；构建是指服务系统的建立过程，包括具体的步骤和方法指南；评价是对已经或即将建立的模型、服务系统进行的评价；平台/工具则是支持服务方法体系实现的软件工具与开发平台。

服务建模的主要挑战在于要对服务过程日益复杂、涉及服务资源越来越多的服务系统进行快速表述，以及能够对更加频繁的服务需求变更做出敏捷的反应，这与软件工程中利用软构件来对复杂软件系统进行设计和建模所面临的问题极为类似。

**4. 服务系统构建过程**

在建模完成后，需要面临实际的服务系统构建，也即依据顾客需求与服务模型构建服务系统的过程。一般构建包括如下六个步骤：①收集信息确定顾客服务需求并建立服务需求模型；②根据服务需求模型进行服务的具体设计，建立服务行为与能力模型；③选择具体的服务资源，建立服务执行模型；④对服务模型进行评价，以决定这些模型是否可满足客户需求以及满足的程度；⑤将选定的服务要素进行组合，将服务执行模型转化为具体的服务执行系统；⑥根据模型产生具体的服务指南，服务执行系统加以运行，即现场服务。

**5. 服务的生命周期**

生命周期是一个被广泛应用的工具概念。服务也有自己的生命周期，其主要包括需求获取、服务设计、服务实现和服务评估。在后续章节中将反复应用此工具性概念来解释相关其他理论和方法。

**6. 服务质量评价**

在服务开发初始阶段，顾客需求分析及建模为服务开发指引方向，在服务系统的实际构建过程中和构建完成之后则需要通过服务质量评价，来判断服务开发是否在沿着既定方向前进以及该方向的正确性。

服务是为了满足顾客的需求，服务质量评价的目的就是为了统计满足顾客需求的程度。因此，服务质量评价在顾客服务感知差异理论的基础之上又建立了顾客满意度理论。它包含感知的质量、感知的价值和客户期望三个部分。

**7. 相关支持工具和平台**

服务工程方法体系对服务系统进行设计、构建、部署，最终需要相应的软件工具来支持实现。这些软件工具应包括：①服务模型的建模工具；②服务系统构建工具；③服务系统部署实现支持工具；④服务评价工具。这些工具构成服务系统开发平台来支持服务系统从构建到实际运行的映射。

## 1.2.2 服务工程的过程

系统工程作为一门应用型科学，有一个基本过程。从本质上来说，系统的开发过程实际是对系统的认识不断深化的过程，人们不可能一开始就对系统所涉及的具体专业技术，各部分之间的信息、能量、物质沟通关系有清晰的认识，首先总是将其抽象化，然后遵从一个基本过程，即进行分析-实践-再分析-再实践的反复迭代的研究过程。这里的实践通常是指系统开发某环节的实际结果或者对分析结论的某种验证。在开发过程中，分析、综合的思维过程即系统工程的基本过程如图 1-2 所示，常称为系统工程过程（SEP）。

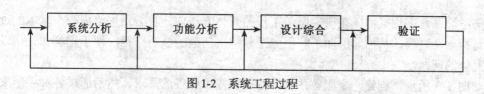

图 1-2　系统工程过程

系统工程是一个线性迭代的过程，自需求而始，从系统角度思考问题，依次反复应用于开发的整个过程以及模式化的问题解决过程，它把系统需求逐步转化为系统规范和一个个相应的体系结构。

系统工程的基本原则，即在系统开发过程中始终要保持对系统需求的跟踪。因此，系统工程过程的第一步是系统任务分析。任务分析活动，也可以理解为需求获取的过程，它是要分析并且确认广义概念上顾客的需求和期望目标，明确限制条件，然后依此提出对系统功能和性能要求。

在系统分析的基础上，得到了系统级功能和性能的具体需求后，第二步就是通过功能分析和分配活动进一步将其分解成为更具体的功能要求，结果得到的是对一个系统功能的全面描述，即系统的功能结构。这个功能结构不仅要描述必备的全部功能，还要能反映出各种功能和性能要求之间的逻辑关系。

第三步就是设计综合或者也叫系统设计。这个环节中，要按照从功能分析与分配过程中得到的系统功能和性能描述，在综合考虑各种相关工程技术的基础上发挥工程创造力，研制出一个能够满足要求的、优化的系统物理结构。在服务工程中，不一定强调系统的物理结构，更多的是考虑各服务环节的逻辑结构。

最后是验证环节。这个环节的目的是确认所设计的各个层次的系统结构是否满足系统的综合要求，能否在预定的性能指标下实现所要求的功能，简单来说就是验证系统的需求实现程度以及非功能性需求的满足情况。其中，验证方法通常包括建模仿真验证、实际演示验证以及试验。

实际上，如图 1-3 所示，系统工程过程的每一个步骤都可以是一个循环过程，也就是说，可能在完成第一个环节后便对进行重新访问，来验证此环节是否符合系统的设计初衷。

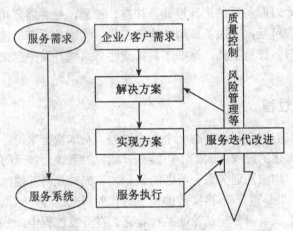

图 1-3　服务工程的基本过程（徐晓飞，王忠杰，2007）

与学习系统工程类似，在研究服务工程的具体方法前，我必须先给出一个基本的过程。通过这样一个过程，从抽象层面了解服务工程解决问题的核心路径，便于理解和记忆以用于研究具体的问题。

如图 1-3 所示，构建一个服务系统，首先要提出服务的需求，然后通过各种手段来收集和分析这些需求，针对这些需求提出解决方案。再根据这些业务方案再提出问题的解决方案、实现方案。最后再根据实现方案来完成服务的具体实现与实施，从而得到最终的服务系统。

从根本上来说，服务工程就是将服务需求逐渐转化为服务系统的过程。区别于系统工程，在服务工程的实现过程中，不仅仅是自上而下的过程，还可能有自下而上的过程。在服务系统的运行过程中，在任何环节都可能遇到问题，需求也往往不能一次给定，这在服务系统的开发中是一种常态，针对这些问题要提出服务改进需求，然后再反馈到解决方案，重新构造服务系统，而服务系统也不存在最终形态，它也会随着技术、需求不断改变而升级进化。另外，在服务工程的基本过程中，质量控制和风险管理被列入其中，是由于服务系统对质量和风险有更具体的要求，属于服务工程开发的重要组成部分。

### 1.2.3　服务工程的作用

从构建服务系统的过程来看，服务工程是一个将服务需求转化为服务系统的过程。在图 1-4 中，灰色虚箭头表示理想的实现途径，但这个实现途径只存在于脑海之中，希望这个实现途径走一个最短的路线，以最好的质量、最高的效率、最低的成本来实现这个系统。但设计这个系统的是人，人会犯错误。服务科学与过去计算机科学、工程学最大的不同就在于人。在实际实现系统的过程中难免出现一些偏差，也就是从同一个出发点出发到达服务系统的时候，与期望的结果出现的差距，即需求与实现的偏差。这个偏差往往取决于参与系统设计以及执行系统设计的人的水平，经验丰富的构建者偏差可能不大，但介于服务系统的开发是一个比较新的课题，偏差往往很大，所设计出来的服务系统不能满足顾客的需要，这也是很多服务性创业的企业或者项目失败率高的原因。

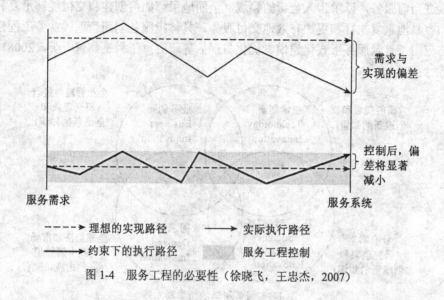

需求与实现的偏差

控制后，偏差将显著减小

服务需求　　　　　　　　　　　　　　　服务系统

- - - - - 理想的实现路径　　　　—→ 实际执行路径
—→ 约束下的执行路径　　　　　服务工程控制

图 1-4　服务工程的必要性（徐晓飞，王忠杰，2007）

服务工程在确定正确的需求起点后，给系统的开发安置一个误差控制器，也即在设计这个系统的时候要遵循服务工程所提出的各种各样的原则、方法和技术。一旦开发环节违背了服务工程的原则、方法和技术，在服务工程方法的约束下服务系统的实现途径可能是图中所示的绿色折线那样，可能会走很多弯路，会偏离正确的实现途径，但是肯定会一直在限定的范围之内，那么最终的服务系统与顾客预期的质量的偏差将会比之前的大大减少。这也正是服务工程的宗旨所在。

## 1.3　服务工程的学科视角

立足不同的学科视角，可以对服务工程有不同的理解。此处主要从服务科学、系统工程和软件工程等与服务工程密切相关的视角，围绕顾客、系统、生命周期、控制和工程来理解服务工程。

### 1.3.1　服务工程的服务科学视角

服务科学是一门交叉学科。它把计算机科学、运筹学、产业工程学、数学、管理学、决策学、社会科学和法学等既定领域内的工作相融合，研究在面向服务的全球经济环境下所必需的相关技术、专业技能和商业模式，创建新的技能和市场来提供高价值的业务表现转型服务，发展面向服务的经济所要求的技能，推动商务和技能专家联合创新。同时，在服务科学研究中，经常使用经济学、心理学、行为学、社会学等知识解释服务行业的一些新现象。例如，若人在旅途，则常常发现机场或车站附近的餐饮价格离奇昂贵。此时，多数人选择麦当劳或肯德基，因为相对于不确定的餐饮价格所带来的潜在被宰的风险，肯德基或者麦当劳的标准化价格可以完全打消这种顾虑，即使它们的消费水平不一定低，但却相对透明和公正，且服务质量能够有所保证。在行为经济学上，标准化服务降低了顾客选择服务的潜在风险，更重要的是顾客会倾向于选择自己内心觉得公正透明的消费方式。服务科学在本质上是跨学科的研究（见图 1-5），旨在创建一个开发和实现技术应用的服务领域，帮助企业、政府和其他组织改进当前服务，以求步入全新的领域，全面地了解如何创建和交付能够重复利用的产品，更加容易地重复执行和更加有效地交付服务。具体指服务创新管理、业务流程建模、服务技术与应用工具及服务形式化建模、优化与评估等研究（王树良，曾一昕，2008）。

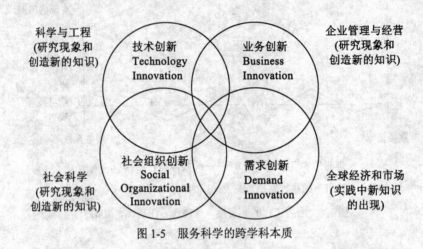

图 1-5　服务科学的跨学科本质

因此，服务科学在广义上指 SSME，综合研究服务科学、管理和工程，又各有侧重（见图 1-6）。服务科学（Service Sciences），即围绕现代服务业，通过已有领域的跨学科研究和新的技术研究等，进行新理论的总结和创新，强调建立新的理论体系；服务管理（Management），从业务管理层面展开实际的研究，强调对服务创造价值的过程进行管理和优化；服务工程（Engineering），更强调将理论知识应用化，以构建用以解决实际问题的方法体系。

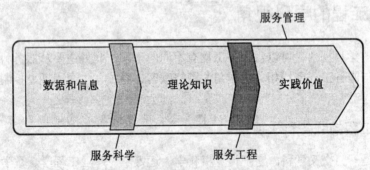

图 1-6　服务科学、服务工程及服务管理研究重点分布

服务科学研究如何运用科学的方法和原则，管理服务的组织过程，优化组合服务资源，以获得最佳的服务效果和服务效率。首先，服务是系统管理。服务是以人为核心的一个系统工程，即"人与人的互动"，涉及客户行为学、心理学、服务环境、客户体验、自动服务等要素，也包括组织的行为学、绩效激励以及服务有效性、服务环境、服务心理学、人员互动等。其次，服务本身也是一个系统工程，在服务过程中，除了起主导作用的人，设备、资金和技术等条件也必不可少。人、设备、资金和技术等必须共同发挥作用，才能完成整个服务过程。因为有系统就会存在优化，所以这其中就包含了运筹学、博弈学、系统工程学等。第三，服

务是系统科学。在服务的过程中，如果不将服务要素和过程科学化，服务的效果就很难保证。当然，科学不能替代关系，服务依然是关系。相反，将科学应用于服务，服务能帮助用户更好地理解互动和各类过程。科学是创造知识的途径，工程是应用知识并创造新价值的途径，而管理则包含了创造价值并获取价值的过程（王培林，2008）。因此，服务科学把服务业的技术系统化、业务工程化、方法理论化，故又被称为服务学(Sciencenology)。

服务科学既是服务工程的理论基础，同时又是以服务工程为其最终的目标——通过科学分析现实世界中有关服务的现象、数据、信息，建立一套严格的、完备的、理论化的服务模型，从各类服务系统中抽象出其内在的、本质的规律，使服务的提供者和需求者能够深入的理解和认识服务，并采用科学的方法来指导服务系统的设计、构建与运作。例如，服务工程需要从个体人的角度思考，麦当劳、肯德基等全球连锁餐饮企业到底是如何构想并实现这种标准化服务的呢？其中是否蕴含着一种服务系统的思想呢？这个系统遍布全球，却又是一个紧密联系的整体，它们又运用了哪些相关技术来实现呢？如果生产汽车拥有相应的汽车制造学，有相应的工业工程师和设计师，麦当劳、肯德基这种餐饮服务是否也应该有相应的服务学研究，以及相应的服务系统工程师、服务设计师呢？另外，针对于每天上网使用谷歌、百度搜索服务，这些基于互联网的新兴服务与肯德基、麦当劳这种传统服务之间，是否存在某种抽象层面的共性呢？这些疑问，推动着对服务工程的探索研究。

## 1.3.2 服务工程的系统工程视角

服务本身是一个系统工程，在学习服务工程时，必须先认识系统工程。实际上，服务工程的全称应该是"服务系统工程"，即服务工程在本质上属于系统工程范畴。从学科分类看，服务工程是系统工程的子类，它包含了系统工程的相关概念、方法和特性等。从学科发展看，系统工程是学科基础，而服务工程是聚焦于服务系统领域的新生学科。如图1-7所示。

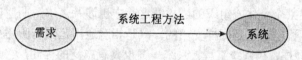

图1-7 系统工程基本逻辑

系统工程源于系统思想的发展，而系统思想的形成可追溯到中国古代著作《易经》、《尚书》，其中提出了蕴含有系统思想的阴阳、五行、八卦等学说。另外，中国古代经典医著《黄帝内经》把人体看作是由各种器官有机地联系在一起的整体，主张从整体上研究人体的病因。而在现代学术研究中，系统工程属于系统科学，而在系统科学结构体系中，它又属于工程技术类。

国内外学者都对系统工程的定义有过不少阐述，但至今仍无公认的概念。1975年，美国科学技术辞典认为："系统工程是研究复杂系统设计的科学，该系统由许多密切联系的元素所组成。设计该复杂系统时，应有明确的预定功能及目标，并协调各个元素之间及元素和整体之间的有机联系，以使系统能从总体上达到最优目标。在设计系统时，要同时考虑到参与系统活动的人的因素及其作用。"1977年，日本的三浦武雄指出："系统工程与其他工程学不同之点在于它是跨越许多学科的科学，而且是填补这些学科边界空白的一种边缘学科。因为系统工程的目的是研制一个系统，而系统不仅涉及工程学的领域，还涉及社会、经济和政治等领域，所以为了适当地解决这些领域的问题，除了需要某些纵向技术以外，还要有一种技术从横的方向把它们组织起来，这种横向技术就是系统工程。"1978年，我国钱学森认为，"系统工程是组织管理系统的规划、研究、设计、制造、试验和使用的科学方法，是一种对所有系统都具有普遍意义的方法"。美国电子工业协会（EIA）如此界定系统工程："一种跨多学科的方法，由完整的技术体系构成，以开发一个集成的、全生命周期的系统/人/产品/过程解决方案，并验证其是否满足客户需求。"IEEE认为，系统工程是一个跨学科的、协同的方法，以定义、发展和验证面向全生命周期的系统解决方案，满足客户期望与公共可接受性。基于上述定义，可以将系统工程的定义综合概括为，一种面向大型复杂系统，跨学科地运用各种知识，强调整体与各部分的协调的思想，以整体系统效果最优为目标的方法与理论。更简单地说，系统工程是一门实现系统最优化的科学。

系统工程主要有以下特点：①研究问题采用先整体规划再详细设计的程序，一般是先进行系统的逻辑思维过程总体设计，然后进行各子系统或具体问题的研究；②系统工程方法是以系统整体功能最佳为目标，通过对系统的综合、系统分析构造系统模型来调整改善系统的结构，使之达到整体最优化；③系统工程的研究强调系统与环境的融合，近期利益与长远利益相结合，社会效益、生态效益与经济效益相结合；④系统工程研究是以系统思想为指导，采取的理论和方法是综合集成各学科、各领域的理论和方法；⑤系统工程研究强调多学科协作，根据研究问题涉及的学科和专业范围，组成一个知识结构合理的专家体系；⑥各类系统问题均可以采用系统工程的方法来研究，系统工程方法具有广泛的适用性；⑦系统工程强调多方案设计与评价（王众托，2010）。

在服务科学研究范畴中，系统工程的研究主要围绕顾客、系统、生命周期、控制和工程展开。

顾客(customer)。在系统工程中，顾客是一个广义的概念，它既可以是一个人，也可以是一个组织。之所以要将顾客放在系统工程的首位，是介于顾客作为一个单位，它代表了系统的终极目标，即满足某个个体或组织的需求，这其中也涉及需求、期望以及满意度等概念。而这些内容在服务工程中，也是同样受用的，只是相对适用范围有所缩小。

系统(system)。同样，在系统工程，系统一词也具有广泛的内涵，它既体现了系统工程的一种整体思想，也包含系统要素以及各部分之间的关系。在第二产业工业行业里，系统可能是一个钢铁企业的整体运作体系，包括人员、物资、炼钢的器械以及行业上下游的抽象关系等。而这其中也蕴含着服务工程的部分，譬如说这个钢铁企业中的人力资源系统、行业上下游相关企业构成的系统等，这些就属于服务工程的范畴，也就是说，很多的服务系统都可以看成一种系统中的系统，这也是服务工程与系统工程的一种内在联系。

生命周期(life cycle)。生命周期的概念在很多行业领域里都有应用，实际上，生命周期可以作为一个独立的理论来学习，而它的本质是一种工具，是用来帮助我们更清晰地理解问题、分解问题的方法。在系统工程中，生命周期主要被用于定义系统的生命周期，它一般包括需求获取、模型描述、设计开发、运行维护等所有环节。这些内容在服务工程中也将得到充分应用。

控制(cybernetics)。控制实际上是管理学中的一个重要概念，之所以将其作为单独的关键词来诠释系统工程，是因为在系统工程中，控制是一个非常关键的环节，小到一个社区的医疗系统，大到一个国家的经济系统，控制决定了整个系统的最终表现。在系统工程中，一般通过对系统最终表现与目标需求之间的差距评估，继而进行人员沟通、反馈、调整、优化等环节，来系统实现一个控制。在服务系统中，控制也具有非常重要的地位，将后续内容深入介绍。

工程(engineering)。无论是服务工程，还是系统工程、软件工程等，工程都是核心。无论前缀如何变化，从广义上来说，工程的根本内涵总是一群人为达到某种目的，在一个较长时间周期内进行协作活动的过程，而这个过程中一般都需要涉及描述、定义、设计、建立、实施、运行、维护、重构、评价等环节。

### 1.3.3 服务工程的软件工程视角

软件工程的诞生源于软件危机。20 世纪 60 年代中期，随着更大容量、更快速度计算机的涌现，计算机的应用范围迅速扩大，从军用领域一直蔓延到商用，再到个人，人们对软件的需求不断上升。在这样一个时期，高级语言开始出现，在增强了开发效率的同时，也降低了软件开发门槛；操作系统开始出现，也引起了计算机应用方式的变化；同一时期，大量数据处理导致第一代数据库管理系统的诞生。但随着软件系统的规模越来越大，复杂程度越来越高，软件可靠性问题便也愈发突出。早期的个人设计、个人使用的方式尚未瓦解，各式各样的软件要求却纷至沓来，软件生产效率之困，导致了软件危机爆发。为应对软件危机，在1968 年，北大西洋公约组织了一场会议，讨论如何在规定时间、规定成本条件下，开发出满足用户需求的高质量的软件系统，软件工程学应运而生，希望采用继承传统工程的概念、原理、技术和方法，把那些经过时间考验而证明有效的传统管理技术和针对于软件领域的最好的技术方法结合起来，以指导计算机软件的开发和维护（毋国庆，梁正平，袁梦霆，李勇华，2008）。与之相似的是，服务科学（SSME）的提出，也是服务经济愈演愈烈条件下，受迫来研究与继承固有的工程学科并将其应用于新兴的现代服务业中来。

传统的软件工程逐步走向新型的服务工程，这不仅是概念层面的外延，更是思维形态的进化。在互联网时代到来之前，软件一直被作为一种工业产品对待，早期的软件工程所追求的目标也是工业生产的规模化、标准化，人们希望能像批量生产汽车那样生产软件产品，同时也像销售汽车那样销售软件产品——软件的永久许可模式。而服务，只是作为售后的一个环节，并不作为核心价值出售。在互联网的今天，创新思想得到前所未有的解放，从门户网站到搜索引擎、IM 即时通讯以及 Web2.0，社会化网络服务，真正有价值的服务通过互联网能够瞬间在全球范围内引爆，继而上升到影响全社会的高度，并让创新者获得相应的丰厚回报。而软件的概念也从这一刻起，由工业时代迈入了服务时代。随着 B/S 模式和 C/S 模式广泛应用，软件不再只是工业汽车买卖形态的商品，已经变成了类似于汽车租赁这种更自由的服务，SaS、免费软件等在互联网的今天随处可见，而浏览器及相关研发技术的普及与发展也几乎可以取代原有的客户端应用程序，更是有不少互联网企业已经在投资开发并推广基于其互联网服务的 WebOS。

软件工程是一门将工程、科学和数学的原则与方法运用于构建和维护软件，并确保其有效、实用和高质量的学科。在《计算机科学技术百科全书》中，软件工程是应用计算机科学、数学及管理科学等原理，开发软件的工程。软件工程借鉴传统工程的原则、方法，以提高质量、降低成本。其中，计算机科学、数学用于构建模型与算法，工程科学用于制定规范、设计范型、评估成本及确定权衡，管理科学用于计划、资源、质量、成本等管理。软件工程研究和适用的对象是大型软件，主要包括软件开发过程、软件开发和维护的方法与技术、软件开发和维护工具系统、质量评价和质量保证、软件管理和软件开发环境等。在具体知识上，主要涉及程序设计语言，数据库，软件开发工具，系统平台，标准，设计模式等方面。软件工程强调在给定成本、进度的前提下，开发出具有可修改性、有效性、可靠性、可理解性、可维护性、可重用性、可适应性、可移植性、可追踪性和可互操作性并且满足用户需求的软件产品，以此提高软件产品的质量和开发效率，减少维护的困难（朱少民，左智，2007；张友生，李雄，2009）。

在服务科学（SSME）研究范畴内，与系统工程相类似，主要围绕顾客、系统、生命周期、控制和工程来理解软件工程：

顾客(customer)。与系统工程不同，在软件工程中，顾客一定是人，它大多数情况是针对个体的人，但也针对于作为组织集体的人。从根本上来说，顾客是软件需求的源泉，在早期，这种需求更多是作为组织的需求，它可能是美国国防部要发射一枚导弹，又或者是IBM需要在其大型机器上的安装软件系统等，而发展至今，软件更多地开始针对个人，顾客的需求更加个性化，更注重一种直观的体验。

软件系统(Software System)。可以将软件系统理解为系统工程中系统的一种具体化形式。但它仍然包含了不同软件系统模块之间抽象的关系，同时也具备了具体层面的构架、模块、属性等内涵。

生命周期(life cycle)。软件工程的生命周期一般包含需求分析、软件设计、软件实现、运行维护等环节。这同样可以看做是系统工程生命周期的具体化形式，而在服务工程中，将同样包含这些生命周期。

控制(cybernetics)。软件工程中，控制同样受到高度重视，正如前文所述的软件危机，一个重要的诱因就是早期软件开发中，开发人员忽视了控制的环节，往往在没有充分了解或错误理解用户需求的情况下，便直接完成了开发，最终不能满足用户需求而大大浪费人力和时间成本。控制在软件工程中，拥有诸多针对性的开发模型，譬如经典瀑布开发模型、螺旋模型，以及互联网开发中更为普遍的敏捷开发等，而它们的核心都是通过沟通、自我调整、反复迭代，不断调整缩短软件与用户需求的距离来控制整个软件开发。

工程(engineering)。软件工程中的工程，除了传统工程基本内涵外，还包括另外一些专用术语，譬如可行性分析、需求分析、编码等。它主要是针对软件系统，实现可行性分析、需求分析、设计、编码、测试、实施、运行、维护、重构、评价这样一系列环节。

## 1.4　本章小结

本章给出了服务工程的基本概念、相关基础理论和知识框架。从系统工程到软件工程，最后到服务工程，整个过程实际也是研究这门新知识体系的一个心路历程。一个学科的探索与研究往往是非常艰辛的，研究者就像挖掘隧道的工人，尽力提前地测量与规划，但开山的过程远非纸上谈兵那么简单。研究服务工程也是如此，尽管有大量的可以参考的工程学研究方法，但应用于服务系统的工程学研究却往往举步维艰。这是因为在服务科学本身还处于新生事物的状态，在应用其理论前，需要抽丝剥茧般地将原有服务学内容以及相关知识筛选出来加以研究分析。

本章作为服务工程的导论，仅作为一个开头，希望通过此章能给予研究和学习服务工程的学者一个探索的方向，在后续章节中，还将沿着这条道路，学习研究更具体的服务系统方法和理论。

# 参 考 文 献

[1] 王树良，曾一昕，袁汉宁. 服务科学导论[M]. 武汉：武汉大学出版社，2008.

[2] 旷文琪，彭嬋琳. 服务科学将推动下一波经济浪潮？[N].2006-12-25.

[3] 哈尔滨工业大学软件学院的教育部——IBM 精品课件. http://www.hit-ssme.net/course_presentations.html

[4] 朱少民，左智. 软件过程管理[M]. 北京：清华大学出版社，2007.

[5] 张友生，李雄. 软件体系结构[M]. 北京：清华大学出版社，2009.

[6] 毋国庆，梁正平，袁梦霆，李勇华. 软件需求工程[M]. 北京：机械工业出版社，2008.

[7] 王少峰. 面向对象技术[M]. 北京:清华大学出版社，2006.

[8] 徐晓飞，王忠杰，莫同. 服务工程方法体系[J]. 计算机集成制造系统，2007，13(8）.

[9] Avishai Mandelbaum . Service Engineering (Science, Management):A Subjective View [J]. November 2007.

[10] Alan Radding. How IBM is Applying Science to The World of Services. 2007-05.http://www.Consuhingmag.com/CMFeat-IBM-Science-pg3.html

[11] 王众托. 系统工程[M]. 北京：北京大学出版社，2010.

# 第2章 服务工程的方法体系

服务工程作为工程类学科分支，强调实践和应用，它需要一套覆盖服务全生命周期的方法体系，以支持服务企业建立服务系统过程中的实际构建操作，此方法体系即为服务工程方法体系（Methodology for Service Engineering，MSE）。本章将从服务工程方法体系基本理论展开，继而分别介绍其主要组成部分，最后拓展性地分析相关学术领域的研究现状和最新研究成果。具体内容安排如图 2-1 所示。

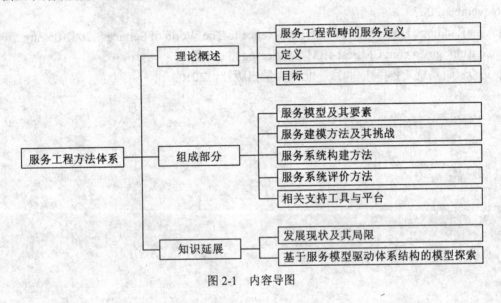

图 2-1　内容导图

## 2.1　服务工程方法体系的目标

针对服务工程方法对服务描述的需求，需要将服务区别于以农业和制造业为基准的服务概念，以及 Web 服务、面向服务架构、面向服务计算中的软件服务概念。在服务工程中，服务是一种交互的过程，在这个过程中包括以下要素：服务的目标、服务提供者、服务接受者、服务的具体内容、服务消耗的资源、服务应该达到的标准、服务的具体行为，以及服务发生的场景。该过程所涉及的组织、资源及其相互交互关系，即为服务系统；作为交互过程中的提供方，通过服务系统向顾客提供服务的单位，即为服务企业；所有提供服务的服务企业构成了服务业。因此，服务工程方法可以理解为帮助设计、构建和部署服务系统，以使服务企业更好地满足顾客的需求的方法体系。

### 2.1.1 基本目标

支持快速开发，在保证成本和质量的前提下，加速产品或服务上市；支持快速维护，在保证系统设计信息完整的前提下，能够向运维人员提供正确的信息，以求更简单地定位系统错误，理解错误，以及最终更快地解决错误；保证产品质量，质量代表满足用户的需求和期望，其中包括明确的需求，也包括不明确的需求。所以服务工程方法体系需要保持对用户需求和最终系统的跟踪能力，即可追溯性。

允许简化管理，这有助于简化开发需要持续变化的项目计划，并应用于不同生命周期，此外，简化管理也为系统框架的不同阶段、活动、工作产出等提供可扩展性，有助于特殊领域的专门化处理；支持快速进化，无论是服务模型、系统架构，还是已经开发的系统，都要在创建前保证未来可能需要的修改，这些修改可能是面向系统升级，也可能是面向适应新的环境，还可能是面向重用性等。

灵活的方法体系，它可以调整依赖于开发者习惯的产品类型，或者是根据组织内部环境进行调整，组织内部环境包括项目限制，组织文化，客户性质等；提供灵活的组件，基于服务工程方法体系的组件开发，应该包括可重用性功能，以保证其能在其他项目中继续使用；易于学习，能通过一套具体的指南、模板和例子来降低学习方法系统的难度，了解系统的全貌概要；支持易用性产品开发，一方面，服务工程方法体系是一个面向界面的方法体系，界面的应用是孤立于已开发的组件，另一方面，它承担着可用性准则，无论何时，图形界面都有必要遵循操作简单，易于上手的准则。

### 2.1.2 行业附加目标

针对 e-Service，服务工程方法体系强调支持实现商业化。即通过服务工程方法体系保证其实现原定商业模型和服务系统的定位，将 e-Service 独立商业化运作。

针对 Web Service，其目标又应支持集成系统的开发和远程消费。因为 Web Service 技术本身就是专门设计用于解决远程组件间的标准化交流，所以支持集成系统开发主要是针对企业应用集成（Enterprise Application Integration）的三个问题：由组件提供功能的定义，使用该功能的方式，如何获取其定义。支持远程消费指根据服务工程体系方法构建的构建服务系统，应该能消费外部 Web Services 来执行自己内部的功能；支持更简易的 Web Services 开发和应用，基于服务工程体系方法的服务系统构建是面向 Web Services 的开发，所以它应该辅以具体任务、支持文档、提示等来简化开发和使用；遵循 Web Services 标准，方法体系有助于基于 Web Services 技术标准的产品开发。

针对于 Web Service 质量，服务工程方法体系还强调保证 Web Service 的可用性、服务执行时间的可预测性和合适的安全系统。保证 Web Service 的可用性，即在针对 Web Service 相关开发过程中，要能确保服务持续运作不被打断。此外，当任何意外发生的时候，系统必须能够尽可能快速回复，这也包括必要的沟通机构来保证开发者随时都能获取服务故障信息。保证服务执行时间的可预测性，指当开发者或程序员进行开发过程中，多数情况下，他们都必须保证其功能在一个可预测的时间表内完成。所以，如果希望开发者使用服务，就必须要向其保证该 Web Service 能够在一个可预测的时间范围内完成。并且还要向开发者提供必要的信息，以帮助其决定是否使用服务。此外，还要确定所给出的时间表最终执行时符合的承诺，不能有任何夸大。确保合适的安全系统，Web Service 应该执行必要的安全机制，虽然一些 Web Service 只需要低层级的安全控制，但是更多 Web Service 都是需要必要安全保证的；确保 Web Service 使用和状态能被监控。Web Service 的用户和提供商都应该能监控自己 Web Service 使用状态，这就必须不仅允许查询实时信息，还要查询未来的可能变化状态；保证可测试性。向 Web Service 用户提供区别于程序调用的测试途径，已保证用户能检测实时运作的服务（Alberto Berreteaga, David Martin，2008）。

## 2.2 服务工程方法体系的要素

在服务工程中，可以将服务工程方法体系简单定义为，基于用户需求的服务及服务系统的构架方法，以及相关服务性能优化方法。具体来说，MSE可定义为对服务系统进行架构与功能规划、描述/建模、构建及性能评价的方法体系，根据服务系统的生命周期，可以抽象出模型、建模、构建、评价和平台/工具共五个要素（SPOHRER，2005）。如图2-2所示，服务工程的全生命周期即为MSE的核心组成部分，其执行的基本过程通即从对顾客需求的调查研究开始，继而以服务为中心的思想来建立一套沟通用户需求与服务工程执行的服务模型；然后运用服务领域知识进行服务设计，再调用服务构建库，利用服务构建方法将服务模型转化为可运行的服务系统，以支持现场服务，完成服务的开发与部署。在整个服务工程方法体系中，服务质量、性能评价与服务优化始终贯穿，即对要建立或已经建立的服务模型/服务系统，提供相应的评价方法加以评价，以支持优化。另外，整个服务工程方法，建模、系统构建及评价等都由相应的开发平台和软件工具来支持实现。

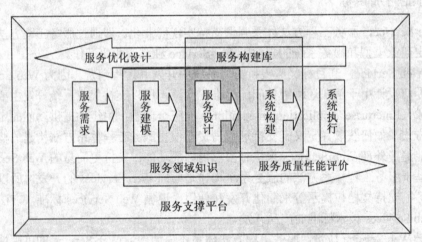

图 2-2　服务工程方法体系主要组成部分

### 2.2.1 服务模型

服务模型，用于形式化地描述服务系统以及相关各类服务的要素，这些要素主要包括人员、资源、能力、行为、过程等。服务模型是 MSE 中最基本的组成部分。一个服务系统的建立，根本源于顾客/用户服务需求，可以认为服务需求的开发和描述往往是整个服务系统开发的起点和方向定位，这也正是构建一套能够准确描述需求的服务模型的重要性所在。

在以模型为基础的研究中，往往需要将具体的数据或者知识转化为抽象的模型元素，以供更好地抓住问题的关键。服务模型也是如此，需要先弄清楚服务相关的基础概念以及服务所包含的基本要素。一般将服务要素分为服务环境、服务人件（Liveware）、服务硬件、服务软件和交互行为五类，其要素具体内涵，将在后续章节逐步展开。

## 2.2.2　服务建模方法

服务建模方法，即模型建立的过程及方法。在了解服务相关概念及其基础要素后，就可以使用相应的建模方法来对服务系统进行建模了。实际上，服务建模即为一个将服务需求转变成服务模型，并最终用于指导服务构建的过程，这其中主要包括服务模型的建立、服务模型的优化，以及相关模型之间的转换等内容。

服务建模的主要挑战在于要对服务过程中，因涉及服务相关资源越来越多，而变得越来越复杂的服务系统进行有效快速且准确的解释，以及能够对越来越频繁的服务需求变更做出快速敏捷的反应，这与软件工程中利用软构件来对复杂软件系统进行设计和建模所面临的问题非常类似。为应对此类挑战，可以引入服务构件（Service Component）的概念并应用于服务建模，基本思想是：将服务涉及的各类资源（人、软硬件设施等）和各类服务行为/过程封装为可复用的服务构件（SC），进而通过选取与组装这些事先建立的服务构件（SC）来完成对复杂服务系统的建模。这种思路不但可以复用已有资源，节约建模成本，而且通过服务构件（SC）的替换和变更极大地提高建模效率，缩短对服务需求变更的响应时间。（徐晓飞，王忠杰，莫同，2007）

除了上述提及的建模方法，典型的服务建模方法还包括服务蓝图法（Blueprint）、结构化分析与设计方法（SADT）以及动态事件过程链方法（Dynamic EPC）等，这些建模虽然在具体方法上有所不同，但其出发点是相通的，即通过形式化的方式描述服务系统中涉及人员的交互过程，以便于相关人员理解和使用。

相关方法的具体内容，将在后续章节中展开具体的学习和研究。

## 2.2.3　服务系统构建方法

服务系统构建方法，即服务系统建立的指南与过程。针对不同领域的服务需求，采取相应服务建模方法构建模型之后，所需要做的就是将模型执行生成为具体的服务系统。服务系统必须完全覆盖服务的整个生命周期，即需求获取、服务设计、服务实现和服务评估，才算是完成服务系统构建。

服务系统构建过程主要包括六个步骤（见图2-3）：①需求搜集，即通过各种可能途径收集顾客的服务需求，在这个过程中一般会涉及需求排序、需求管理等内容；②需求建模，在根据所收集来的服务需求建立相应的服务需求模型,这个过程中一般会涉及服务概念的生成、选择以及服务的设计等；③执行模型建模，模型主要包括服务行为模型、服务能力模型、服务资源模型等，即主要涉及的服务基本要素的独立模型；④服务要素组合，即通过对执行模型的评价，确定此模型是否能够满足用户需求，以及确定相关具体服务要素，最终将其组合；⑤系统执行，通过组合具体服务要素，将服务执行模型转化为具体的服务执行系统；⑥生成服务指南，即运行服务执行系统，产生相应服务指南，同时开始下一轮更深入的需求搜集，不断优化系统。

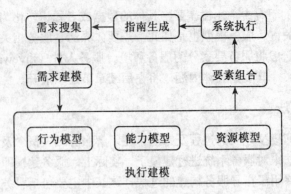

图 2-3 服务系统构建过程

### 2.2.4 服务系统评价方法

服务性能评价，即对已经或即将建立的模型、服务系统的性能（主要包括顾客满意度、质量、成本、时间等）等进行的评价。服务质量评价是服务系统工程方法中非常关键的一个环节，它贯穿于整个服务系统之中，关系其长远发展。

在对其定义上，Gronroos 认为评价服务质量应该包括定义服务质量如何被顾客所感受，以及测定服务质量如何被影响这两方面问题。据此，他又提出了技术质量和功能质量两个新的概念，并提出了一个服务质量模型，阐述了顾客期望的服务和顾客实际感受到的服务之间存在的差距，但是并未揭示这个差距是如何产生和如何来衡量的。Zeithaml 及相关研究者建立了服务质量差距模型来阐述期望的服务和感知的服务之间差距的根源，揭示出感知服务质量差距是由管理者认识差距、质量标准差距、服务交易差距和营销沟通的差距造成的。在此基础上，他们又根据顾客对服务的期望和感受，提出了一种预测顾客感知的服务质量的方法 SERVQUAL，设立了 22 个评价指标来对顾客进行问卷调查，对调查结果采用计量经济学的统计分析方法进行分析处理，得到顾客对服务的评价数据结果。SERVQUAL 以其全面精炼的评价指标和可靠的数字统计结果在管理界得到了广泛应用，但是由于这种基于大量问卷调查的统计方法的评价周期很长，需要消耗大量的人力物力，而且评价指标体系注重的是对服务整体效果的评测，无法对复杂服务系统的某一侧面进行快速、频繁、精确的评价。

除了 SERVQUAL 之外，其他常用方法还包括：①差距分析模型（Gap Analysis Model），用来分析服务质量问题的根源，可以发现服务提供者与顾客在服务观念上存在的差距，它描述了五种不同的差距，并分析了各自的形成原因；②基于价值的方法（Economk Value Added，EVA），使用经济指标来度量服务性能；③平衡记分卡法，使用经济指标和非经济指标的混合体来度量服务性能。

服务是为了满足顾客的需求，服务质量评价的目的就是为了统计满足顾客需求的程度。因此，服务质量评价在顾客服务感知差异理论的基础之上又建立了顾客满意度理论。美国对顾客满意度的测评指标是美国顾客满意度指数（American Customer Satisfaction Index，ACSI），它包含感知的质量、感知的价值和客户期望三个部分，其中感知的价值受感知的质量和客户期望影响。顾客感知的质量与其对服务的期望之间会存在差异，差异为正时，差异越大顾客就越满意，反之则会不满意甚至抱怨投诉。其他相关的服务满意度评价模型/方法包括：认知—预期（Perception-Expectation，P-E）模型、评估行为（Evaluated Performance，EP）模型和标准质量（Normed Quality，NQ）、顾客感知服务质量模型、面向管理改进的服务企业顾客满意度模型、中国顾客满意度指数模型（Chinese Customer Satisfaction Index，CCSI）等。

在服务系统开发的初期环节中，需要始终从顾客需求出发，分析、研究、管理继而得出相关模型。而在其实践构建过程中以及构建完成之后的环节里，必须通过服务质量评价，来判断服务系统的开发是否沿着既定方向前进以及该方向的正确性，如图2-4所示（王忠杰，2007）。

如图 2-4 所示，将服务工程过程抽象为服务模型到服务系统，再到最终的输出，其中服务质量的评价处于服务系统到价值输出这样一个过程中。这个过程也即服务执行的过程，需要基于服务基本概念，建立相应服务性能度量方法，继而通过这样一个方法来监控服务的执行，发现其中所存在的问题。然后，分析产生质量问题的症结所在，问题是在服务模型的构建上，还是在资源调配后的服务系统中，或者两者兼而有之。继而采取相应的服务系统优化措施，来调整优化服务系统，改进服务系统的价值输出，提高服务的效率以及客户满意度（GRONROOSC，1984）。关于服务质量评价具体知识，也将在后续章节中展开来讨论。

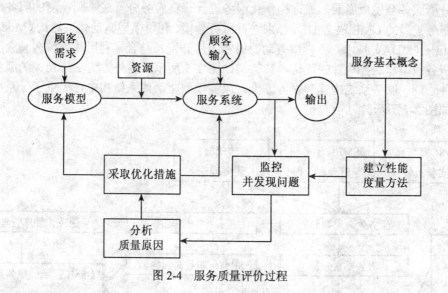

图 2-4　服务质量评价过程

## 2.2.5　相关支持工具与平台

支撑工具与平台，即支持服务方法体系实现的相关软件工具与开发平台。实际上，针对传统服务业，其服务系统构建中，无论是模型构建，还是服务构建、部署等，大多数活动都是可以通过人工进行的，譬如早期金融行业的交易都是由人工手动进行进出账交易的，但随着技术的发展，以及金融系统的日益复杂，相关支撑的信息工具与平台取代了大部分的人工操作，也就构成今天的现代金融系统。其中，支撑工具一般指在服务系统构建中，进行服务设计、服务建模、服务执行等所需相应的软件工具，其中主要包括服务模型的建模工具、服务系统构建工具、服务系统部署及实现支持工具，以及服务质量评价工具。

在支持平台方面方面，目前主流研究趋势是以面向服务的架构（SOA）、Web 服务、应用服务提供商（ASP）等为主的新技术，将各种离散、异构的支撑软件系统加以集成，统一对外提供服务，促进流程统一化以及信息的公共化。这些内将在后续章节中逐步展开。

## 2.3  服务模型驱动体系结构

随着对服务工程方法研究的不断深入，传统的、分散的、独立的服务建模、开发和评价方法在满足企业应对顾客日趋个性化、复杂化和多变化的服务需求方面已显得捉襟见肘，人们越来越需要研究出一整套集成服务建模、开发和评价等方法的，支持服务全生命周期开发的服务工程方法体系。Bullinger 的服务工程方法包括新服务产品开发和服务研发管理两个方面，通过结构、过程和输出三个维度来描述服务需求，并用 UML 建立服务的资源、过程和产品模型，以此作为贯穿整个服务系统开发的纽带。该方法体系着重刻画了人力因素对服务的影响，揭示了服务开发区别于产品开发的最主要的特征，但是缺乏对服务的评价，UML 在服务交互过程建模上缺乏足够的建模元素支持，服务模型也没有采用构件化的服务设计思想，不利于服务设计的复用，难以提高服务设计效率。

针对这一问题，徐晓飞等研究者提出了一种可定义、可实现、可评价的服务模型驱动体系结构（SMDA）（徐晓飞，王忠杰，莫同，2007），基本思路如图 2-5 所示。该服务工程方法注重分析服务全生命周期，通过构件化服务设计，将服务分解成不同粒度的服务构件，通过使用服务扩展的 UML 语言 USML 来进行服务建模，利用模型驱动体系结构（Model Driven Architecture，MDA）技术，将模型驱动映射和组件开发相结合，利用基于顾客满意度的评价来支持服务模型和服务构件的优化，其架构如图 2-6 所示。另外，为支持相关的服务建模、服务构件管理、服务系统构建和服务评价，服务模型驱动体系结构中还提供了一系列的工具支持，如图 2-7 所示。

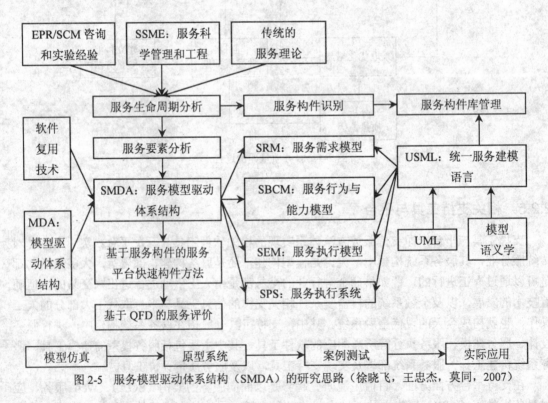

图 2-5  服务模型驱动体系结构（SMDA）的研究思路（徐晓飞，王忠杰，莫同，2007）

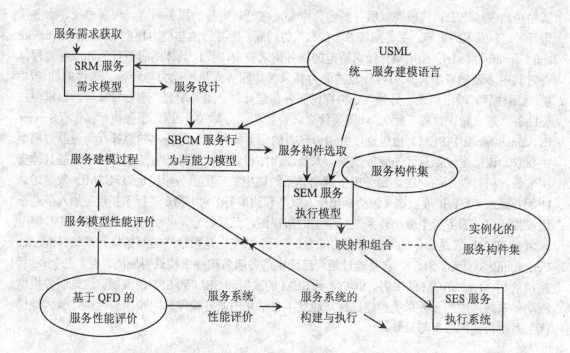

图 2-6　服务模型驱动体系结构（SMDA）体系结构（徐晓飞，王忠杰，莫同，2007）

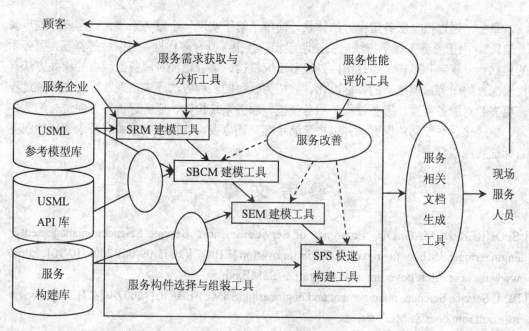

图 2-7　服务模型驱动体系结构（SMDA）支撑工具（徐晓飞，王忠杰，莫同，2007）

服务模型驱动体系结构（SMDA）包括三层模型、一个系统和三个映射。三层模型分别为服务需求模型、服务行为与能力模型、服务执行模型。服务需求模型（Service Requirement Model，SRM）根据服务者与客户的事前交互过程所获取的服务需求，并采用模型的形式将其精确地表达出来。该模型以服务约定为中心，包括可度量的服务内容、级别协议、服务质量、时间，成本约束等，主要回答"做什么"的问题。服务行为与能力模型（Service Behavior and Capacity Model，SBCM）针对特定的服务需求模型，设计具体的服务行为和服务过程，并对其中涉及的资源需求和各资源的能力要求（如服务人员的能力与经验、软件的性能/功能/适用性等）做出刻画。另外，还将探讨服务传送计划、服务配置、事件管理等。该模型主要回答"怎么做（过程、行为）、需要什么（资源和能力）"的问题。服务执行模型（Service Execution Model，SEM）通过选取并组合已有的服务构件来满足特定的服务行为与能力模型的要求。该模型包括具体的服务过程、人员、软件和服务计划等，主要回答"由哪些具体资源来做、何时做"的问题。服务模型驱动体系结构中的三层服务模型通过 USML 来描述。USML 通过 UML 扩展机制（包括标记值、版型和约束等）对 UML 进行了扩展，加入了若干用以描述服务服务模型驱动体系结构模型的新视图、元素符号，并引入了 OCL 和 DDL 等手段增强 USML 表达服务的复杂语义的能力。"一个系统"是指最终的服务执行系统（Service Performing System，SPS），它是通过组合已选定的各服务构件来构造得到的。而"三个映射"是指从 SRM 到 SBCM 的映射、SBCM 到 SEM 的映射和 SEM 到 SPS 的映射。这是服务模型驱动体系结构中的服务系统构建过程，通过半自动化的服务构件选取和模型转换，极大地提高了系统构建的效率与质量。

## 2.4　本章小结

本章中，通过概览服务工程方法体系，简单了解了实现一个服务系统大致需要哪些步骤和"工具"。由于服务工程学方法研究刚刚起步，且服务具有多样性、复杂性等特征，服务系统的建立愈发复杂和多样，尽管国内外很多研究机构、学者已经对服务工程中的相关方法有了比较深入的研究，但统一的、标准化、被广为认可的工程方法还未出现。因此在研究过程中，更需要对服务要素、服务过程、服务模型、服务系统构建、服务评价等方面进行细致、深入、集成化、系统化的探究，并以搭建满足客户满意度、能快速响应顾客需求变化的服务为目标继续深入前进。

参 考 文 献

[1] SPOHRER J. MAGLOP. Emergnce of Service Science：Service Science，management，engineering(SSME)as the next frontier in innovation [EB/OL](2005-09-08)[2006-10-10]. http://www.ibm.com/ibm/governmental programes/SSME.pdf.

[2] IBM. Service Science，management and engineering(SSME)[EB/OL] [2007-02-27]. http://www.research.ibm.com/SSME/.

[3] GRONROOSC. A service quality model and its marketing implication[J]. European Journal of Marketing，1984，18 (4)：36-44.

[4] ZEITHAML V A，L BERRY L. PARASURAMAN A. Communication and control processes in the dellvery of service quality [J]. Journal of Marketing，1988，52(2)：35-48.

[5] PARASURAMAN A，ZEITHAML V A. BERRY L SERVQUAL：a multiple-item scale for measuring consumer perceptions of service quality[J]. Journal of Retailing，1988，64(1)：12-40.

[6] 徐晓飞，王忠杰，莫同. 服务工程方法体系[J]. 计算机集成制造系统，2007(08).

[7] Alberto Berreteaga, David Martin . LOMS_D4.2_ServiceEngineeringMethodology_v1.0,2008.

[2] Thomas Hendrian. David Verma OGC: Service Agreement Metaheuristic, V1, 2005.

# 第3章 服务模式创新

本章将从服务模式层面来了解现代服务系统的各种前沿趋势，通过展示各种具体的案例来探究何为服务模式的创新，并引入四维度模型来系统化学习如何系统地进行服务创新。具体内容安排如图3-1所示。

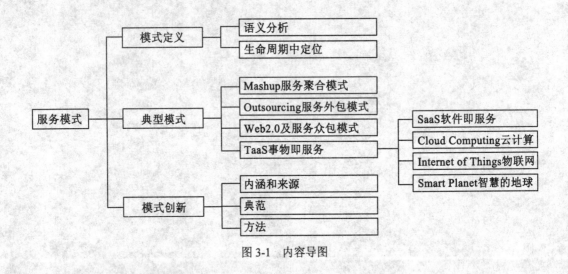

图3-1  内容导图

## 3.1  服务模式的概念

服务模式存在"双重模糊"性（Ian Miles，2007），"服务"本身没有一个学术公认的定义，导致服务模式也缺乏统一的定性。模式是解决某一类问题的方法论；把解决某类问题的方法总结归纳到理论高度，那就是模式；模式是一种指导，在一个良好的指导下，有助于完成任务，有助于作出一个优良的设计方案，达到事半功倍的效果，而且会得到解决问题的最佳办法。通过语意来看，可以将服务模式从广义上定义为一种不以实物形式来满足某种需求的方法论，这种方法论可以从理论高度给予服务设计者以指导作用，帮助服务提供者设计出更为优良的服务方案。

从服务科学的内涵来看，可以将服务模式的定义范围放在四个方面：①它定义一项服务的业务与价值目标；②它识别参与服务的各参与者类型（顾客、提供者、使用者）；③它定义在多个参与者之间进行价值协同生产与价值分配的机制；④定义多个参与者之间的控制流、信息流与价值流（王忠杰，2011）。如图3-2所示，从宏观层面来看服务模式，它处于服务生命周期中最顶部。通过此图，可以发现服务的设计，是由服务模式设计也即服务创新为始，经过一个服务优化的过程，以服务模式为基础进行服务设计，形成一个较为具体的服务模型，

重点大学计算机教材

进而再次经过一轮服务优化，开始将服务模型执行实践，形成一个可以运作的服务系统。

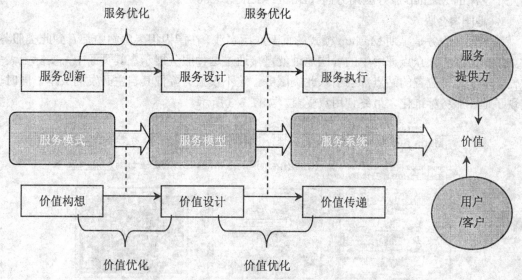

图 3-2　服务模式在服务生命周期中的定位（王忠杰，2010）

关于服务的价值，实际上是从服务模式到服务系统成长过程中，服务价值提供模式的迭代优化过程，由服务模式最初的价值构想，优化为服务模型过程的价值设计，最后是执行过程中的服务传递。最终，通过服务系统达到服务提供者与服务接受者共同完成价值的创造过程。从这个宏观过程中看，服务模式即为整个服务最初的构想，是一个服务系统构建的纲领性方向，在整个服务生命周期中起指导作用。

## 3.2　服务模式的类型

目前，典型的服务模式包括服务聚合模式（Mashup）、服务外包模式（Outsourcing）、Web2.0 与众包模式、事物即服务模式（TaaS）等。

### 3.2.1　Mashup 服务聚合模式

服务聚合模式是互联网飞速发展的产物，其 Mashup 的英文含义是 a mixture of content or elements，可以理解为一种糅合，它将两种以上使用公共或者私有数据库的 Web 应用，叠加在一起整合应用。在服务科学研究中，特指 Service Mash-up，它指的是将分散的、相互独立的、由不同提供者提供的多项服务通过某种途径整合在一起，形成新的服务并向外提供，以创造出全新的服务价值。

实际上，Mashup 并非互联网原创的模式，它的运行模式可追溯到 Windows 为代表的传统计算机应用开发模式。如今将计算机操作系统替换成了互联网，将微软 Windows 替换为 Yahoo、Amazon、eBay 和 Google 等公司，它们提供 APIs（Application Programming Interface，应用程序编程接口），并把 APIs 放到网上使开发者可以访问。譬如，如果想在自己的 Web 站点上开发一个全市西餐厅地图，那么不需要自己手动寻找全市的西餐厅地址，也不需要自己开发电子地图，只需通过一个相应的 API 找到所在城市的所有西餐厅地址，然后再访问 Google

地图的 API，把这两个内容整合在一起，那么就得到了一个标有全市西餐厅的地图。下面介绍几个主流的 Mashup 服务应用方向（Duane Merrill，2006）。

**1. 地图聚合服务**

地图聚合服务是早期 Mashup 模式的重要应用实践，在国内很多网站中都看到此类服务，譬如说口碑网、大众点评网中的餐饮地址就直接通过这种服务展示在其页面中，实际上大多数需要基于地址位置的站点都会引入此类服务，这不仅大为降低其自主开发的成本，同时也实现了地图服务标准化，最终使用户受益。如图 3-3 所示。

**Maps API 系列**

Google Maps 拥有非常多的 API，您可以利用它们在您的网站和应用程序中嵌入功能强大且实用的 Google Maps，并在地图上叠加您自己的数据：

Google Maps JavaScript API　Google Maps API for Flash　Google Earth API

您可以使用 JavaScript 在网页中嵌入 Google Map，还可以通过多种服务操作地图并添加内容。
第 3 版 - 第 2 版

您可以使用此 ActionScript API 在基于 Flash 的网页或应用程序中嵌入 Google Map，还可以通过多种服务在三维模式下操作地图并添加内容。
了解详情

您可以在网页中嵌入真实的 3D 数字地球仪。访问者无需离开网页便可游览世界，甚至身临其境感受深遂广袤的海洋。
了解详情

Google Static Maps API　　网络服务　　Google Maps Data API

图 3-3　谷歌地图的 Mashup 模式应用

从技术层面来看，在这类应用中，人们往往都是需要搜集大量有关事物和行为的数据，从而需要地址位置服务。而这些包含位置数据的不同数据集本来是松散的、非标准化的，但借助于此类服务，均可利用地图实现图形化方式呈现出来。

地图聚合服务的蓬勃发展首要归功于 Google，是它首创公开了自己的 GoogleMaps API。另外，Microsoft(Virtual Earth)、Yahoo(Yahoo Maps)和 AOL(MapQuest)也很快相继公开了自己的 API。

**2. 视频和图像聚合服务**

视频和图像聚合服务是另一个互联网上非常流行的聚合服务，这源于视频和图像网站所引起的新一波互联网浪潮。在视频和图像网站的兴起初期，出现了很多有趣的 Mashup。由于内容提供者拥有与其保存的图像相关的元数据（例如谁拍的照片，照片的内容是什么，在何时何地拍摄的，等等），Mashup 的设计者可以将这些照片和其他与元数据相关的信息放到一起。

例如，基于相同的照片标题、时间等数据显示社交网络图集等。另外一个例子可能以一个 Web 站点（例如 CNN 之类的新闻站点）作为输入，并在新闻中通过照片匹配而将照片中的内容以文字的形式呈现出来。

### 3. 搜索和购物聚合服务

实际上，搜索和购物聚合服务在 Mashup 这个术语出现之前就已经存在很长时间了。在 Web API 出现之前，有相当多的购物工具，例如 BizRate、PriceGrabber、MySimon 和 Google 的 Froogle，都使用了 B2B 技术或屏幕抓取的方式来累计相关的价格数据。

而后电子商务公司发现了此类聚合在提供便捷服务的同时，还为广大的网络开发者提供了有趣的娱乐型应用开发趋势，可以作为一种病毒式的营销推广方式在互联网上广为流传，于是购物网站也开始推出自己相应的聚合服务。这其中包括 eBay 和 Amazon 之类的消费网站，它们通过发布了自己的 API，让开发者可以基于其 API 开放属于自己的程序，以及为其提供相应的广告收益。

### 4. 新闻聚合服务

新闻聚合服务实际也是互联网上较早的信息聚合服务之一。一些主流新闻网站，譬如纽约时报、BBC 和路透社，从 2002 年开始就对外提供使用 RSS 和 Atom 之类的联合技术来发布各个主题的新闻提要。

通过此类技术所实现的 mashup，可以让用户自主选择聚合某一类新闻信息，并将其通过 Web 呈现出来，创建属于自己的个性化的报纸，从而更好地满足读者阅读需求。

**扩展阅读：ifttt——Mashup 模式的终极应用？**[①]

如图3-4~图3-7所示：ifttt（If This Then That）是一个新兴的聚合类服务站点，我们可以认为它是一个跨网站的功能调用工具，如同你的私人调度中心，你可以随心所欲地利用频道设置多种组合，而这些频道实际上就是互联网各大流行网站的开放 API 的功能集合。

用户可以在 ifttt 上设定一个条件，让系统为你做出特定的动作。犹如多米诺骨牌，只要你触发其中一点，那么接下来就会发生一系列你事先设置好的任务关联事件，即所谓连锁反应。ifttt 就如同多米诺骨牌中的一个个小环节，ifttt 这种 if A then B 的触发模式，通过流程将各种信息串联起来，然后再集中把你要的信息呈现给你。解决了信息的冗杂，收取或关注那些你不想错过的重要信息。

图 3-4　创建任务

① ifttt：跨网站功能调用工具 http://www.techweb.com.cn/newsite/2011-06-30/1058232.shtml

重点大学计算机教材

**27**

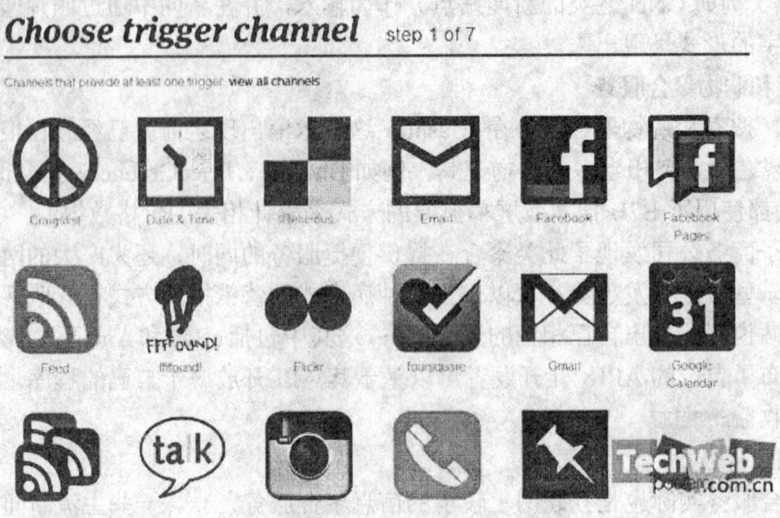

## Choose trigger channel  step 1 of 7

Channels that provide at least one trigger. view all channels

图 3-5　用来当做触发器的频道页面

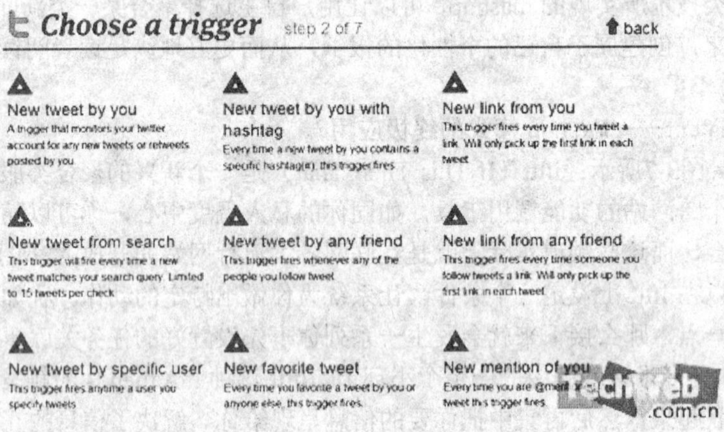

## Choose a trigger  step 2 of 7  ↑back

**New tweet by you**
A trigger that monitors your twitter account for any new tweets or retweets posted by you.

**New tweet by you with hashtag**
Every time a new tweet by you contains a specific hashtag(s), this trigger fires.

**New link from you**
This trigger fires every time you tweet a link. Will only pick up the first link in each tweet.

**New tweet from search**
This trigger will fire every time a new tweet matches your search query. Limited to 15 tweets per check.

**New tweet by any friend**
This trigger fires whenever any of the people you follow tweet.

**New link from any friend**
This trigger fires every time someone you follow tweets a link. Will only pick up the first link in each tweet.

**New tweet by specific user**
This trigger fires anytime a user you specify tweets.

**New favorite tweet**
Every time you favorite a tweet by you or anyone else, this trigger fires.

**New mention of you**
Every time you are @mentioned in a tweet this trigger fires.

图 3-6　供用户选择的触发条件（TechWeb 配图）

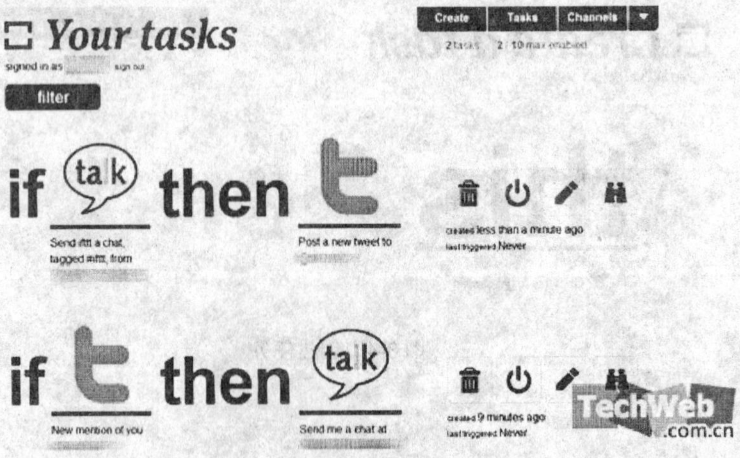

## Your tasks

signed in as ___ sign out

filter

Create | Tasks | Channels ▼
2 tasks | 2 | 10 max enabled

 then
Send iftt a chat, tagged #ifttt, from
Post a new tweet to
created less than a minute ago
last triggered Never

 then
New mention of you
Send me a chat at
created 9 minutes ago
last triggered Never

图 3-7　创建的两个任务

ifttt 完全依靠网站 API 跨站联动，而其具体应用是非常自由灵活的，比如说：Twitter（美国微博网站）上有好友@mentions 时，Google Talk 就会得到即时通知；在 Google Talk 上发布带有#ifttt 的信息，Twitter 就会同步更新的两个任务。当然，这明显就是一个回路设定。经测试发现，发布和收取信息都有几分钟的延时。实际上，ifttt 只提供每15分钟检查一遍（Triggers）触发器，或许 ifttt 在今后可以考虑缩短这个时间间隔，让信息获取更快速。

显然与其他 Mashup 服务不同，ifttt 从一开始就将自己定位为一个互联网开放 API 的集大成者，并以编程常用的"if"逻辑命令为服务名，而其本身也将开放属于自己的 API。从某种意义上来看，与其说 ifttt 是开放互联网时代的创新应用，不如说它更像开放网络时代的 Basic 编程语言。ifttt 会成为 Mashup 模式的终极应用吗？这是值得思考和期待的问题。

## 3.2.2　Outsourcing　服务外包模式

服务外包是指企业将价值链中原本由自身提供的具有基础性的、共性的、非核心的 IT 业务和基于 IT 的业务流程剥离出来后，外包给企业外部专业服务提供商来完成的经济活动。

因此，服务外包应该是基于信息网络技术的，其服务性工作(包括业务和业务流程)通过计算机操作完成，并采用现代通信手段进行交付，使企业通过重组价值链、优化资源配置，降低了成本并增强了企业核心竞争力。目前，服务外包主要分为三类：①IT 服务类外包(ITO)，譬如 ITSM；②业务流程类外包(BPO)，譬如财务、研发、采购、销售、售后等外包服务；③知识处理外包(KPO)，譬如数据分析、市场研究、技术研发等外包服务。

如图3-8所示，KPO、BPO、ITO 三类外包服务，分表代表了企业三个层次的需求。ITO 即信息技术外包，是作为企业支持层，提供以信息技术为手段的支撑组织运作的服务；BPO 即业务流程外包，作为企业实施层，其核心价值在于对企业内部管理的组织优化；最后属于企业战略层的 KPO 即知识流程外包代表了最高层次的外包形式，它直接整合企业组织以外的信息、知识能力为企业服务。

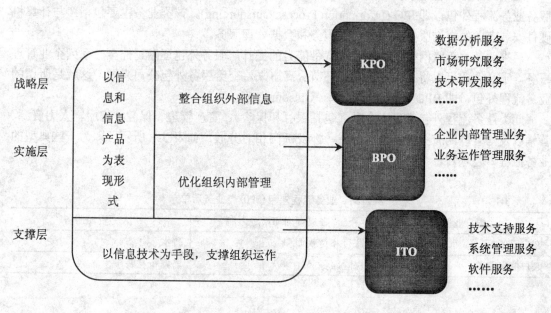

图 3-8　三类服务外包的层级

实际上，一般将 ITO-IPO/BPO-KPO 视为服务外包的三个时代，下面依次介绍。

## 1. 信息技术外包(ITO)

信息技术外包(ITO)的意义在于，企业可以专注于自己的核心业务，而将其 IT 系统的全部或部分外包给专业的 IT 服务公司。

管理大师 Peter Drucker 曾经说过："在 10—15 年之内，任何企业中仅作后台支持而不创造营业额的工作都应该外包出去，任何不提供向高级发展的机会和活动、业务也应该采用外包的形式。"诚如其言，ITO 服务外包代表企业发展成熟的主要标准，是服务外包时代的基础和契机。

[扩展阅读]"小肥羊"：袅袅热气和翻滚鲜汤背后的信息化

"小肥羊"是一个大型的连锁集团，最初大概有 700 多家店，存在着诸多问题，譬如店面分布高度分散，管理系统需要大量的人工干预，经常出现"跑冒滴漏"的现象等。

前两年，小肥羊有两个主要的业务系统，一个是金蝶的 ERP 系统，另一个是天子星的基于 RIF 架构的餐饮连锁系统。但在将这两个系统进行整合之前，小肥羊很多分店的管理者为了赚取更多的利润，经常少算成本，多算利润，总部如果不到店面去检查，根本无法发现问题。而现在，通过采用 IBM 提供的 SOA 架构（Service Oriented Architecture 即面向服务架构），将供应链管理系统与门店管理系统整合之后，系统会自动对配送中心的每一笔出货和门店每一笔进货与门店销售信息做比对，哪些材料用了多少，应该剩多少，清晰可查。

小肥羊公司发展是一个很好的例子，它不仅让大家看到了现代服务技术创新对企业管理所起到的变革性的作用，同时这也是一个服务外包全球化的典型例子，以及 IBM 这样的全球性企业转型服务的这样一个重要趋势。①

## 2. 业务流程外包(BPO)

最早的服务外包集中在计算机、信息技术及相关服务领域，因此被称之为计算机及相关服务业务流程外包，即 IPO (Information Process Outsourcing)。该类业务主要包括：与计算机硬件安装有关的咨询服务、软件实施服务和数据处理服务。

后来，随着互联网技术的发展和宽带能力的提升，服务外包逐渐延伸至一系列企业管理事务，于是企业可以将某个业务流程环节分离出来，交给服务外包公司来做，这就是所谓的业务流程外包，即 BPO(Business Process Outsourcing)。

此类业务流程外包常见于金融（包括银行和保险）、资产管理、保健、客服、人力资源、营销以及与互联网有关的其他服务中，涉及部门相对分散。如表 3-1 所示，即为一些典型的业务流程外包项目。

表 3-1 　　　　　　　　　典型的"业务流程外包(BPO)"业务清单

| 银行业服务 | 账户查询和增进限制 | 人力资源服务 |
| --- | --- | --- |
| 开户服务 | 账目和付款调和 | 薪水 |
| 账户信息获取 | 保险服务 | 培训和发展 |

---

① IBM，"小肥羊"：袅袅热气和翻滚鲜汤背后的信息化[R].2009-01-08. http://www-01.ibm.com/software/success/cssdb. nsf/CS/GYYG-7MZ8T7？OpenDocument&Site=swchina&cty=zh_cn

续表

| 银行业服务 | 账户查询和增进限制 | 人力资源服务 |
|---|---|---|
| 客户咨询 | 政策决策服务 | 退休投资和津贴管理 |
| 支票处理 | 需求处理 | 雇佣和职员 |
| 账单处理 | 事务处理和再保险 | 招募 |
| 捐款 | 津贴管理 | 网站设计 |

### 3. 知识流程外包(KPO)

知识流程外包(Knowledge Process Outsourcing, KPO)作为企业最高层次、战略层的外包形式，它关注高端的业务，而这些业务在传统上往往被认为是企业竞争优势的一部分。

它的基本流程大致为：获取数据——进行即时、综合的研究、加工——销售给咨询公司、研究公司或终端客户，作为决策的重要依据。KPO 的核心在于，通过提供业务专业知识而不是流程专业知识来为客户创造价值。KPO 将业务从简单的"标准过程"执行演变成要求高级分析和技巧的技术以及准确判断的过程。从 BPO 到 KPO，是服务外包从外围业务发展到了核心业务；ITO、BPO 的目标是降低成本，而 KPO 的目标是知识套利、提高收益。

知识流程外包(KPO)的发展现状非常惊人，其市场规模预计在 2010 年将达到 170 亿美元，累积年增长率为 46%，远远高于低端的 ITO、BPO 市场增长。

KPO 领域可能的服务项目大致包括：知识产权研究、工程和设计服务、股票金融和保险研究、动画制作和模拟服务、数据研究及其整合和管理、辅助律师的内容和服务、数据分析和数据挖掘服务、医学内容和服务、人力资源方面的研究和数据服务、远程教育和出版、业务和市场研究（包括竞争情报）、医药和生物技术、研发外包（IT 和非 IT 领域）。

[扩展阅读] 驶向未来的汽车[①]

硅谷一家名为特斯拉的汽车公司(Tesla Motors)，纯电动跑车 0~60 公里的加速时间仅需 4 秒。

在 2006 年首次发布会之后，特斯拉收获了大量订单，影星乔治·克鲁尼、加州州长施瓦辛格、包括谢尔盖·布林和拉里·佩奇均在此之列。短短 3 个月内，限量的 100 辆跑车就被抢购一空。从去年宣布批量生产迄今，2008 年 600 台左右、定价为 9.8 万美元的所有车型已被全部订完。

不久前，丰田和美国电动汽车生产商特斯拉（Tesla Motors Inc.）宣布合作开发和生产电动汽车及其组件，丰田斥资 5000 万美元购买了特斯拉在未来首次公开募股中的股份，特斯拉则购买了硅谷附近原属丰田的工厂。

特斯拉拥有典型的硅谷血统，其专注于领先的核心

---

[①] 赵雪煜，赵嘉，环球企业家，驶向未来的汽车，2008-08-21，http://www.gemag.com.cn/gemag/index/news/indexs.asp？D_ID=5898

技术——电池、电脑软件和推动汽车前进的专利发动机，而其他部分则一律外包。

正是外包的传统，使得它们的新型汽车从设计到生产只用了 4 年时间，而对于汽车业的巨头们，那只够设计出样品而已。这种灵活模式使其能够高度集中技术研发资源，获取技术优势。对于庞大的传统汽车制造商，和这样的公司合作无疑能够弥补其在电动车技术领域的滞后，缩短新车的单身周期。

### 3.2.3　Web2.0 与众包模式

如图 3-9 所示，实际上，Web2.0 是相对 Web1.0 的新的一类互联网应用的统称。Web1.0 的主要特点在于用户通过浏览器获取信息。Web2.0 则更注重用户的交互作用，用户既是网站内容的浏览者，也是网站内容的制造者。所谓网站内容的制造者是说互联网上的每一个用户不再仅仅是互联网的读者，同时也成为互联网的作者；不再仅仅是在互联网上冲浪，同时也成为波浪制造者；在模式上由单纯的"读"向"写"以及"共同建设"发展；由被动地接收互联网信息向主动创造互联网信息发展，从而更加人性化。[①]

图 3-9　Web2.0 街景漫画

如图 3-10 所示，将 Web2.0 模式延伸到实际中，从广义来看，快乐女声托电视娱乐节目诚然也是一种服务，也是一种线下的 Web2.0 模式，它强调一种广泛的参与，甚至是全民级的海选，并且采取民意选择形式来最终决定选手的去留，这都具有 Web2.0 模式的基因。

与 Web2.0 模式共生的还有众包模式。对于众包（Crowdsourcing），美国《连线》杂志记者 Jeff Howe 在维基百科上将它定义为：一个公司或机构把过去由员工执行的工作任务，以自由自愿的形式外包给非特定的（而且通常是大型的）大众网络的做法。众包的任务通常是由个人来承担，但如果涉及需要多人协作完成的任务，也有可能以依靠开源的个体生产的形式出现。

① 百度百科 web2.0, http://baike.baidu.com/view/733.htm

图 3-10  生活中的 Web2.0

但众包模式与外包模式存在本质上的不同,宝洁公司负责科技创新的副总裁 Larry Huston 曾如此评价,"外包是指雇佣人员提供服务,劳资双方的关系到此为止,其实和雇佣关系没什么两样。但是现在的做法(众包)是从外部吸引人才的参与,使他们参与到这广阔的创新与合作过程。这是两种完全不同的概念。"Huston 一语道破众包和外包的区别——众包的核心包含着与用户共创价值的理念。[1]

这里之所以将众包与 Web2.0 作为一类服务模式来谈,并非将其二者间画等号,而是认为其二者存在一些内在联系和相似性。一方面,众包的出现是基于 Web2.0 的发展而来;另一方面,从其内在本质上来看,众包与 Web2.0 作为一种服务模式都是建立在服务者与被服务者间更为深入的互动。

**[拓展阅读]Social Network Service 社交网络服务**

如图 3-11 所示,《时代杂志》2010 年 5 月 31 日发布的这版封面,是因为当时 Facebook

图 3-11  《时代周刊》facebook 封面

---

[1] 百度百科众包, http://baike.baidu.com/view/729695.htm

的第五亿位用户（2011 年 7 月宣布达到 7.5 亿用户）就将产生。文中这样描述：假如这个网站能够拥有一片领土的话，那么 Facebook 将是人口位居世界第三的大国，比美国人还多 2/3。全球 1/4 的网民都拥有处于活跃状态的 Facebook 账号。

传奇缔造者是哈佛又一名辍学生马克·扎克伯格，他在寝室中创建了 Facebook。其设计诞生之初的目的是方便常春藤盟校学生之间的联系沟通，但仅仅 6 年之后，公司就成为互联网上的顶级势力之一。人们将如此之大的生活比重放在 Facebook 上，标志着文化的一个重大转变。Facebook 已经改写了社交基因，使人们变得更习惯于开放。

但 Facebook 是建立在矛盾之上的：它为人们提供亲密的私人空间，但公司盈利的前提却是你将这些东西公开；你分享的感情是由衷的，但用做分享的数据信息却是格式化的。Facebook 一直在鼓励人们分享，但面对越来越多的抱怨，网站却不知控制，近年来更是频频遭遇围绕隐私话题的争议。①

**[拓展阅读]"创新中心"（InnoCentive）的众包案例**

在一个名为"创新中心"（InnoCentive）的网站上，聚集了9万多名像 Melcarek 一样的科研人才，他们共同的名字是"解决者"（Solver），形成了这个研发供求网络用户的"半边天"。与此对应的是"寻求者"（Seeker），成员包括波音、杜邦和宝洁等世界著名的跨国公司，他们把各自最头疼的研发难题抛到"创新中心"上，等待隐藏在网络背后的高手来破译。

"创新中心"最早是由医药制造商礼来公司资助，创立于2001年，现在已经成为化学和生物领域的重要研发供求网络平台。公司成员（寻求者），除了需要向"创新中心"交付一定的会费，为每个解决方案支付的费用仅为1万至10万美元。"创新中心"上的难题破解率为30%，"创新中心"的首席科技官 Jill Panetta 认为，在网上广招贤士的做法"和传统的雇佣研发人员的做法相比，效率要高出30%"。

"创新中心"为 Melcarek 打开了一片全新的天地，在过去三年里，每周他都要登录到这个网站数次，看看上面贴出来的新难题，虽然他从没有受到过生物、化学专业的正式训练，但是这并未妨碍他成为一个化学专家。"在我看来，那些化学难题都可以用我所熟悉的电子机械知识来解决"，Melcarek 相当自信地说，"如果我思考了 30 分钟仍然没有头绪，我就放弃"。攻破一个难题，赚个上万美元，对他来说，"只需要花上几个星期，挺不错的"，Melcarek 轻轻地笑了。②

### 3.2.4　TaaS 事物即服务模式

TaaS 即 everyTHING as a Service，其模式概念本身源于 SaaS 软件即服务概念。随着物联网、云计算等模式兴起，人们开始畅想一种全新的、更无所不在、无所不能、贯穿一切的服务模式，这就是 TaaS。实际上，物联网、云计算和 SaaS 之间本身有密切的内在联系，而实现 TaaS（everyTHING as a Service）即为它们共同的终极目标——把基于云计算虚拟数据中心的物联网 XaaS 服务提供给第三方按需"调用"，实现"物物"互联互通。此外，结合 TaaS 服务模式，IBM 首席执行官彭明盛又提出了一个全新的概念——智慧地球。

① 时代周刊，2010 年 5 月 31 日封面报道

② Crowdsourcing:Why the Power of the Crowd is Driving the Futuer of Business, Jeff Howe

**1. SaaS 软件即服务模式**

SaaS 软件即服务模式是一种通过 Internet 提供软件的模式，用户不用再购买软件，而改用向提供商租用基于 Web 的软件，来管理企业经营活动，且无需对软件进行维护，服务提供负责软件的可用性（软件维护，可扩展性，灾难恢复等）管理与支持；企业采用 SaaS 服务模式，就像使用自来水和电能一样方便，从而大幅度降低了组织中应用先进技术的门槛与风险。

SaaS 是一种软件布局模型，其应用专为网络交付而设计，便于用户通过互联网托管、部署及接入。SaaS 应用软件的价格通常为"全包"费用，囊括了通常的应用软件许可证费、软件维护费以及技术支持费，将其统一为每个用户的月度租用费。对于广大中小型企业来说，SaaS 是采用先进技术实施信息化的最好途径。但 SaaS 绝不仅仅适用于中小型企业，所有规模的企业都可以从 SaaS 中获利。

在服务优势上，SaaS 服务提供商为中小企业搭建信息化所需要的所有网络基础设施及软件、硬件运作平台，并负责所有前期的实施、后期的维护等一系列服务，企业无需购买软硬件、建设机房、招聘 IT 人员，只需前期支付一次性的项目实施费和定期的软件租赁服务费，即可通过互联网享用信息系统。服务提供商通过有效的技术措施，可以保证每家企业数据的安全性和保密性。企业采用 SaaS 服务模式在效果上与企业自建信息系统基本没有区别，但节省了大量用于购买 IT 产品、技术和维护运行的资金，且像打开自来水龙头就能用水一样，方便地利用信息化系统，从而大幅度降低了中小企业信息化的门槛与风险。对企业来说，SaaS 主要有以下三大优点：

（1）从技术方面来看：企业不需要配备额外 IT 方面的专业技术人员，便可以得到最新的技术应用，直接满足企业对信息管理的需求。

（2）从维护和管理方面来看：由于企业采取租用的方式来进行物流业务管理，不需要专门的维护和管理人员，也不需要为维护和管理人员支付额外费用。很大程度上缓解企业在人力、财力上的压力，使其能够集中资金对核心业务进行有效的运营。

（3）从投资方面来看：企业只以相对低廉的"月费"方式投资，不用一次性投资到位，不占用过多的营运资金，从而缓解企业资金不足的压力；不用考虑成本折旧问题，并能及时获得最新硬件平台及最佳解决方案。

在国内发展上，随着美国 Salesforce、WebEx Communication 等企业 SaaS 模式的成功，国内厂商也开始了追赶模仿之路。包括风云网络、八百客、鹏为、用友、艾赛欧、金算盘、金蝶、阿里巴巴、OLERP 等，Microsoft、Google、IBM、Oracle 等 IT 界巨头们也都已悄然抢滩中国 SaaS 市场。同时，SaaS 正在深入的细化和发展，除了 CRM 之外，ERP、eHR、SCM 等系统也都开始 SaaS 化。2010年，阿里巴巴宣布放弃 SaaS 意味着，SaaS 在中国的路并不平坦。

**2. Cloud Computing 云计算**

云计算（Cloud Computing），是一种通过互联网大规模服务器的集中计算的技术和趋势，其共享的软硬件资源和信息可以按需提供给计算机和其他设备，整个运行方式类似于电网。提供云计算的主要公司如图 3-12 所示。

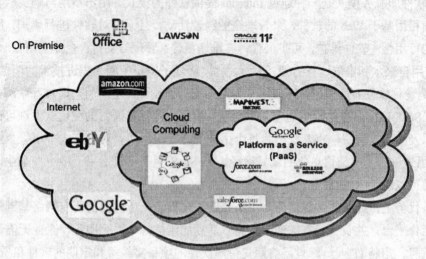

图 3-12　提供云计算的主要公司

云其实是网络、互联网的一种比喻说法。因为过去在图中往往用云来表示电信网，后来也用来表示互联网和底层基础设施的抽象。典型的云计算提供商往往提供通用的网络业务应用，可以通过浏览器等软件或者其他 Web 服务来访问，而软件和数据都存储在服务器上。云计算关键的要素，还包括个性化的用户体验。

云计算是继 20 世纪 80 年代大型机到客户端-服务器的大转变之后的又一次巨变。用户不再需要了解"云"中基础设施的细节，不必具有相应的专业知识，也无需直接进行控制。云计算描述了一种基于互联网的新的 IT 服务增加、使用和交付模式，通常涉及通过互联网来提供动态易扩展而且经常是虚拟化的资源。

云计算与 SaaS 在概念上经常被混淆。实际上，SaaS 不是云计算，云计算也不等于 SaaS。云计算是 Grid 计算和（广义的基于 SOA 的）SaaS 技术和理念融合、提升、和发展后的产物。SaaS 是云计算上的应用表现，云计算是 SaaS 的后端基础服务保障。另外，云计算将弱化 SaaS 门槛，促进 SaaS 发展。云计算应用直接剥离出去，将平台留下，做平台的始终做平台，做云计算资源的人专心做好资深的调度和服务。SaaS 服务商只需要关注自己的软件功能表现，无需投入大量资金到后端基础系统建设。当云计算系统建立起来之后，SaaS 将获得跨越式的发展，云计算将大力推动 SaaS 发展。

在产业层面，云计算一般分为三级：云软件、云平台、云设备。云软件即之前所说的 Software as a Service (SaaS)模式，它打破以往大厂垄断的局面，所有人都可以在上面自由挥洒创意，提供各式各样的软件服务，其参与者是来自世界各地的软件开发者；云平台也称为 Platform as a Service (PaaS)，其打造程序开发平台与操作系统平台，让开发人员可以通过网络撰写程序与服务，一般消费者也可以在上面运行程序，其参与者为 Google、微软、苹果、Yahoo!等；最后，云设备也称为 Infrastructure as a Service (IaaS)，其将基础设备（如 IT 系统、数据库等）集成起来，像旅馆一样，分隔成不同的房间供企业租用，其主要参与者为英业达、IBM、戴尔、升阳、惠普、亚马逊。

### 3. Internet of Things 物联网

物联网（Internet of Things）是通过 RFID、GPS、红外感应器、扫描器、传感器等信息传感设备，按约定的协议，把任何物品与 Internet 连接起来，进行信息交换和通信，以实现智能化识别、定位、跟踪、监控和管理的一种网络。如图 3-13 所示。

它本质上是"物物相连的互联网"，物联网的核心和基础仍然是 Internet，是在 Internet 基础上的延伸和扩展；其用户端延伸和扩展到了任何物品与物品之间，进行信息交换和通信。

在物联网时代，通过在各种各样的日常用品上嵌入一种短距离的移动收发器，在信息与通信世界里将获得一个新的沟通维度，从任何时间任何地点的人与人之间的沟通连接扩展到人与物(Human to Thing)和物与物(Thing to Thing)之间的沟通连接。

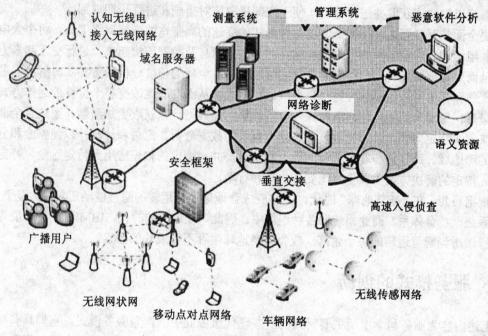

图 3-13　物联网的世界

物联网具体可分为感知层、网络层和应用层三个层次：①感知层主要是识别物体，采集信息。包括二维码标签和识读器、RFID 标签和读写器、摄像头、GPS、传感器、终端、传感器网络等；②网络层主要是信息传递和处理。包括通信与互联网的融合网络、网络管理中心、信息中心和智能处理中心等；③应用层则是物联网与行业专业技术的深度融合，其与行业需求结合，实现行业智能化。

物联网与服务科学之间的关系：通过信息技术将万物连成网络并非目的，而是要建立一个可以在任何时间、任何地点可以提供各种服务的网络，其最终目的是高效、灵活地向社会、企业和个人提供各种现代化服务业和个人提供各种现代化服务（而这些服务在物联网之前无法或很难提供）。

物联网是现代服务业依托的物理和网络基础及支撑技术领域，而服务科学与工程则可帮助人们系统和有效地创造、设计和运作各类服务业务，是拓展物联网及其应用的重要学科领域。二者相互支持，互为补充。

#### 4. Smarter Planet 智慧地球

智慧地球也称为智能地球，就是把感应器嵌入和装备到电网、铁路、桥梁、隧道、公路、建筑、供水系统、大坝、油气管道等各种物体中，并且被普遍连接，形成所谓"物联网"，然后将"物联网"与现有的互联网整合起来，实现人类社会与物理系统的整合。这一概念由 IBM 首席执行官彭明盛首次提出。

按照 IBM 的定义，"智慧地球"包括三个维度：第一，能够更透彻地感应和度量世界的本质和变化；第二，促进世界更全面地互联互通；第三，在上述基础上，所有事物、流程、运行方式都将实现更深入的智能化，企业因此获得更智能的洞察。

其中，所谓更透彻的感知，即利用任何可以随时随地感知、测量、捕获和传递信息的设备、系统或流程。通过使用这些新设备，从人的血压到公司财务数据或城市交通状况等任何信息都可以被快速获取并进行分析，便于立即采取应对措施和进行长期规划。

更全面的互联互通，指的是通过各种形式的高速的高带宽的通信网络工具，将个人电子设备、组织和政府信息系统中收集和储存的分散的信息及数据连接起来，进行交互和多方共享，从而更好地对环境和业务状况进行实时监控，从全局的角度分析形势并实时解决问题，使得工作和任务可以通过多方协作来得以远程完成，从而彻底地改变整个世界的运作方式。

最后，更深入的智能化，意即深入分析收集到的数据，以获取更加新颖、系统且全面的洞察来解决特定问题。使用先进技术来处理复杂的数据分析、汇总和计算，以便整合和分析海量的跨地域、跨行业和职能部门的数据和信息，并将特定的知识应用到特定行业、特定的场景、特定的解决方案中以更好地支持决策和行动。

根据设想，在"智慧地球"时代，IT 将变成让地球智慧运转的隐性能动工具，弥漫于人、自然系统、社会体系、商业系统和各种组织中。因此，在这样的时代，IBM 希望自己能像空气一样渗透到智慧运转的每个角落，成为人类地球生存不可或缺的因素。

## 3.3 服务模式的创新

上述内容为服务科学中所主要研究的一些现代服务业中的新型服务模式，它们具有很强的典型性，且同时代表前人在服务模式创新所做出的重要探索。下面将重点介绍一下服务模式创新的内涵及其典范。

### 3.3.1 服务模式创新的内涵及来源

服务模式的创新，也可以称为服务创新，它是企业根据社会需求，利用内外部技术条件，对企业资源（含资金、设备、人员等）进行重新组织，推出新服务或提高原有服务效率的行为。

其中服务创新的形式，基本分为：第一，激进式创新，这一般意味着更大的风险和资源投资、需要大量的人力和资源，它往往带来重大创新、启动新的业务、为已占有的服务市场提供新服务；第二，渐进式创新，它一般只对现有服务系统（人员、资源、技术）进行微小调整，往往带来服务线扩展、服务改善、服务类型改变。

对于服务创新的终极目标，它一定为顾客创造更多的、更新的价值，同时承载推动企业发展的重任。而服务创新并不是凭空而来，它往往来自以下五种情况：

（1）客户的建议。服务创新通常是源于客户的特殊需求，譬如说传统服务餐饮业中，餐厅会因为一些顾客的建议而添加一些菜单上本没有的菜品。

（2）潜听哨。所谓潜听哨就是一线员工倾听顾客私下的意见，这是相对第一种途径更主动挖掘需求的过程，这往往源于同业竞争强度加大。

（3）客户数据库。当服务系统越来复杂的情况，仅依靠客户和潜听哨显然不够有效和精确，这时候就需要通过建立数据库，从浩如烟海的用户行为数据中挖掘可能的扩展服务。

（4）统计趋势。与数据库挖掘不同，统计趋势强调外部潜在客户信息，根据其统计趋势来增加新的服务。

（5）技术进步。技术进步是根本创新的基础。农业和制造业中的创新主要是用技术解放人力，在服务业中，并不完全是这样——技术的创新，反而会使更多的人参与进来；制造业的技术创新不会受到顾客的注意，但是服务业的技术创新却会成为服务的组成部分。

### 3.3.2 服务模式创新的典范

如图 3-14 所示，苹果公司的发展是一个很典型的例子。在近 30 年来，它一直作为产品创新上的代表性企业，在服务经济浪潮催发下，再一次成功地托起了全球服务创新的大旗。曾有很长一段时间，很多厂商试图解析苹果 iPod 播放器为什么能在世界随身听市场上以高达70%以上的份额占据老大的位置。他们几乎都倾向于把 iPod 绚丽的外表当成首要原因去理解，并自作聪明地以为找到了遏制苹果 MP3 的法宝。于是，他们的产品也开始大量仿制，甚至在硬件环境上超越 iPod。然而，苹果的市场地位却依然稳如泰山。为什么？

IDC 中国首席分析师谢亦冰在经过细致分析后发现：苹果 MP3 成功的奥秘不在于硬件本身，而是由于苹果打造了一个能让消费者轻松下载音乐的平台——iTunes。他认为，iPod 造型虽与众不同，但是功能设计并无明显过人之处。其组件皆为外购且组装也由国外厂商完成，因此无论谁想模仿都十分容易。但 iTunes 却为购买者准备了一个数百万首歌曲的音乐库，这个音乐库为苹果化解竞争者威胁起到了决定性作用，而苹果的市值也由 2003 年的 56 亿美元飙升至 2006 年末的 720 亿美元以上！（李墨风，2007）

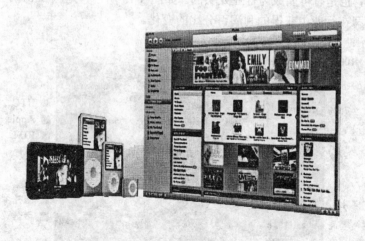

图 3-14

而后苹果又发布了更令全球都为之惊艳的 iPhone 手机，借助 iTunes 以及 App Store 在线商店应用服务的拓展，以疾风之势席卷全球手机市场。尤其值得一提的就是 App Store 在线商店服务，在仅仅 8 个月时间内，软件开发者就为苹果开发出了 2.5 万个应用，这些应用都在苹果在线商店 App Store 上推出，这其中有 62%的软件开发者此前从未为苹果产品开发过应用。迄今为止，这些应用被下载的次数业已超过了 8 亿次。iPhone 手机能够在竞争残酷的智能手机市场上迅速跃居第三位，以 AppStore 为核心的服务创新功不可没。

**[拓展阅读] 卖手机的如何超过卖石油的？**

2010 年 9 月 23 日，苹果公司市值达到 2658 亿美元，超过了中国石油天然气股份有限公司（简称：中国石油）的市值，成为全球第二大公司，仅次于埃克森·美孚石油，后者是全球最大的公司，周四的市值为 3133 亿美元。

要知道，两年前苹果才刚刚超过 Google 成为硅谷最大的公司；今年 1 月的财务报告会议上，乔布斯还惊讶"苹果已经是一家年销售额过 500 亿美元的公司了"；今年 5 月，苹果又超过微软成为科技业最大的公司，乔布斯说"感觉不真实"。很长一段时间以来苹果的形象，是那种保持自己特立独行的作风，为此甚至愿意牺牲所谓的"利润最大化"的商业做法，不去做为了赚钱而赚钱的事情。而微软却被看做是，虽然不够聪明但却很会赚钱的公司。

甚至乔布斯和苹果的员工们，也像看待一个小创业公司一样看自己。但忽然间，乔布斯已经成为全世界第二大公司的掌门人和创始人，而第一名是埃克森·美孚石油。乔布斯自己会作何感想呢？从个人财富来说，苹果公司并未给乔布斯增加多少身价。这对乔布斯来说，或许并不那么重要。但掌握一家全球最大的科技公司，市值仅次于美孚石油的全球第二大公司的成就感，一定是让乔布斯兴奋的。

记得不久之前听到一次有趣的讨论：为什么全球市值最高的公司一定是石油公司，而不是苹果这样的公司？

固然，有很多的理由偏向于石油公司这一边，中国石油的市值可能马上又反超了苹果，但今天乔布斯或许证明了，这两者的差距不是必然无法改变的。一家生产每台价格近 5000 元手机的公司，也是有可能成为行业龙头的。如图 3-15 所示，是从 2007 年到 2010 年，手机行业的各家公司在行业中获得的利润百分比的变化。[①]

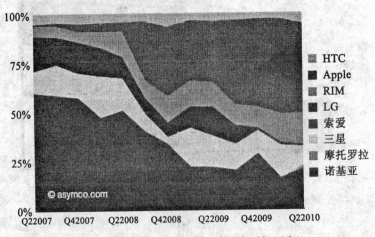

图 3-15　手机行业利润百分比（8 家手机厂商）

① Apple4us 博客,http://apple4.us/2010/09/apple-passes-petrochina-to-become-second-largest-stock.html

## 3.4　服务模式创新的方法

上面大致了解服务模式创新的内涵以及相关典范实例，但这里有一个最大的问题：是否存在系统化的方法，使得每个人都有机会进行服务创新？

### 3.4.1　服务模式创新的常见模式

通过研究过往的服务创新案例，发现其服务创新也是具有一些常见的模式的。在一些小型服务企业中，服务创新往往是一种类似于传统裁缝那样，根据特定顾客的需求来量体裁衣，其服务或产品的服务创新往往是一种偶然性的产物，将其归纳为裁缝性创新。

在餐饮服务行业中，服务创新的模式集中于差异化或称为附件创新，即通过改善或者添置外围服务得到新服务模式。譬如说自助餐的服务模式，就是通过改变服务外围获取方式创造一种新的餐饮服务模式。

在一些运作服务行业，往往通过交付或者规则创新来实现服务创新，即保持"服务产品"的基本功能和性能，但改变与顾客之间的交付或相互作用模式。譬如说物流服务行业不改变物流服务基本功能也即运输货物、商品，但在服务过程中借助于现代信息技术实现全实时可查看物流状态，这也是一种服务创新。

另外，在一些大型的金融服务行业里，常见的服务创新模式被称为新组合创新，即通过或多或少的标准化服务要素的分离或重组而得到的新服务产品。譬如说一些投资银行，往往通过杠杆效应重组资产合同标的物的基本要素来推出不同的金融衍生产品，这即为一种新组合创新。

最后，在知识密集型服务以及专业化的服务供应商中，服务创新往往是特定化的创新，也即称为特定创新。这种特定创新，源于个性化的服务需求，提供的服务往往被称为"解决方案"，在提供这种"解决方案"的过程中，所创建的"服务产品"一般需要和顾客一起合作，作为相互合作的问题解答过程，根据不同顾客的特点内容而调整，这些创新通过实施专家采用形成理论的方法进行规范化而得到扩展，从而可使该服务创新核心部分运用到新的顾客。

### 3.4.2　服务模式创新的基本四要素

如图 3-16 所示，服务模式创新主要包括以下四个基本元素：①目标市场细分，其中涉及主要细分市场的特征，细分市场的主要要素，不同细分市场顾客的需求，目前这些需求满足

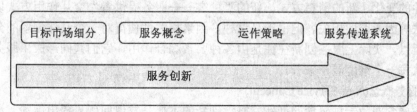

图 3-16　服务模式创新的基本四要素

情况等；②服务概念，主要涉及向顾客提供服务的方式以及顾客体验的描述，新的服务如何在目标市场中实施，如何为服务运作和服务传递作规划；③运作策略，其主要要素包括成本

优化、人力资源管理、组织、质量控制等，另外还涉及运作策略的重点规划布局等问题；④服务传递系统，其中涉及服务产生和出售过程，通过服务传递系统制定服务质量标准，建立竞争优势，为竞争对手构筑进入障碍。

### 3.4.3 服务创新的四维度模型

研究服务模式创新的方法有很多，不同服务行业的创新侧重点也不各有不同，这里主要介绍服务创新的四维度模型。服务创新的"四维度模型"是由 Bilderbeek、Hertog、Marklund、Miles(1998)提出的一个有关服务创新的整合概念模型，其揭示了服务创新的四个基本维度以及四维度间的相互作用关系，该模型为服务企业进行创新提供了系统化的理论框架，对服务工程中创新模式研究有重要的指导价值。

如图 3-17 所示，即为服务创新四维度模型的示意图，四个维度分别是新服务概念、新的客户界面、新服务传统系统、技术。

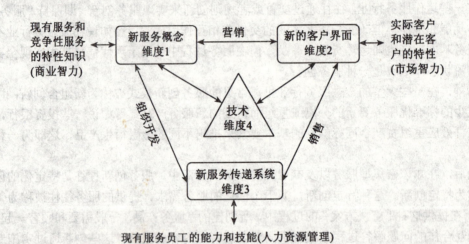

图 3-17 服务创新的四维度模型(R. Bilderbee k，P. den Hertog，G.Marklund，I. Miles，1998)

本质上来说，"四维度模型"是遵循一种结构化方式，对多个因素发挥作用的创新进行研究和学习的模块化模型。服务创新在不同维度间存在着关联和相互作用，而其分别又对应不同的职能活动。服务创新较少被局限在由技术引发的创新范畴内，更多的时候它与服务产品本身特性的变化、新的销售方式、新的"顾客——服务提供者"交互作用方式以及新的服务生产方法等因素密切相关。但也正是这种多因素相关性使得对一个具体创新的分析存在较大困难。所以，实际上服务创新往往是由各种要素综合作用，它们共同形成了服务创新。下面，具体从每一个维度展开来看。

**1. 新服务概念(New Service Concept)**

新服务概念即为一种概念的创新，概念创新的本质是发现问题、提出问题。通俗来说，概念创新就是"说法"、"提法"以及定义的创新。概念创新，不仅能为企业创造经济效益，也为社会创造了新的需求，这方面的实例可谓比比皆是，譬如说最近越来越多的人开始关注个人资产财务问题，于是相关金融服务机构便开发一系列个人财务管理与投资服务，帮助顾客进行金融产品管理，并在竞争者之前迅速占领市场。而基于云计算的服务创新中，离线下载服务也是一个比较典型的例子,其是离线下载正是一个基于云下载模式提出的新服务概念,后续章节中还将详细介绍相关服务创新案例。

### 2. 新客户界面(Client Interface)

新客户界面,也即对客户界面的创新,在软件相关服务中,其指的是用户交互界面,其中包括界面元素、配色、设计、风格、平台特性等。顾客界面在针对最终顾客的服务提供中,其客户界面创新非常强调"互动"与"关系"这两个概念。互动是指顾客与企业接洽时的行为,而关系是指随着时间的流逝,顾客将如何从认知和情感上看待那些企业。互动和关系创造顾客体验,而顾客体验反过来又影响到以后顾客的行为和态度。在零售服务领域,电子商务通过互联网实现客户界面的创新,显著改变了服务提供者和顾客相互作用的界面形式以及交互方式。

针对软件相关服务,这里以苹果公司为例。2001 年,苹果推出了外观时尚简洁的数字音乐播放器 iPod,其不仅改变了播放器市场,同时也改变了整个音乐产业。2003 年,苹果发布了支持视窗系统的 iTunes 版本。iTunes 是一个网上音乐商店,它第一个将版权音乐集成起来,集成了包括 EMI、SONY 等在内的主要版权音乐提供方。

如图 3-18 所示,苹果产品(iPhone+AppStore、iPod+iTunes)向上为手机用户提供海量应用,向下为应用开发商、内容提供商提供开发平台,从而形成了一条共赢的价值网络。其数码产品加网络平台模式创新不仅是典型的客户界面创新,也是成功的服务传递创新。iTunes 和 AppStore 分别对应 B2C 模式与 C2C 模式,它们作为新的客户界面,为苹果赢得了大量新的购买者与供应商。用户不用再出门购买音乐 CD,通过 iTunes 就能获得正版音乐,软件的开发者能在苹果提供的低风险平台放心提供自己的软件。

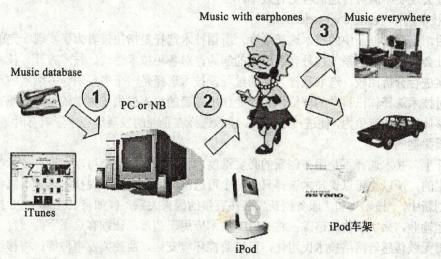

图 3-18　iPod+iTunes 整合性创新模式(David,2005)

### 3. 新服务传递系统(Delivery System)

"服务传递系统"即新服务产品的生产和传递系统。具体来说,服务传递系统是指服务系统如何将服务串联并最终至用户的综合系统。服务传递系统必须最大限度地使用户满意,同时能够有效提高服务提供商的运营效率和成本控制。服务外部传递系统是可以被竞争者效仿的,但是内在服务传递系统却无法简单抄袭,而创新的服务外部传统系统即使抄袭,也能树立服务的行业口碑。

针对企业外部服务传递系统的创新，如图 3-19 所示，以苹果公司的 AppStore 服务为例：

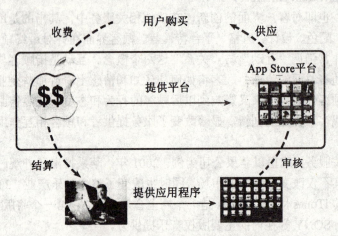

图 3-19　AppStore 创新服务传递系统

基于 App Store，无论是购买软件买方的支付、开发者的分成结算，还是软件的提供与审核发布，都是通过网络进行。这就使服务传递的快捷、简便而安全。相对过去只出售硬件、客户自行购买音乐 CD 或软件，将本来与自身无关的购买环节整合到企业的新业务流程中，使其更为丰富并且收益大大提高。同时网络服务传递也减少了不必要的运输费用和风险，且相对于过去现实中服务传递流程更有效率。

**4. 技术选择(Technology Selection)**

最后，是服务创新中的技术选择维度。所谓技术选择是指决策者为了实现一定的经济、技术和社会目标，考虑系统内外客观因素的制约，对各种技术路线、技术方针、技术措施和技术方案进行分析比较，选取最佳方案的过程。技术选择是一个多层次、多因素的动态决策过程。对技术选择作出科学的评价，为企业作出正确的决策提供了科学依据，从而有利于企业提高整体绩效和竞争力，促进技术进步。技术选择在企业的发展过程中影响有时是巨大的，甚至是最关键的。

实际上，技术选择不是服务创新的必要维度，因为服务创新是可以在没有技术参与的情况下发生的，所以也可以说技术选择只是一个可选维度。但这并非说技术选择不重要，在很多服务创新中，"技术"和"服务创新"存在直接的因果关系，譬如将 RFID、GPS 技术应用于物流运输业，来实现物流追踪；将 RFID 技术应用于超市，让顾客只需手持一台 RFID 扫描器；将无线传感器网络技术民用化，可以监控环境变化、监控突发事件等；将移动技术应用于企业管理，可以搭建一个移动 ERP 增加企业的管理效率等，大多数服务都可以通过使用某些技术而变得更为高效。

**5. 不同维度间的关联及四维度模型意义**

实际上，我们可以认为任何的服务创新都是基于这四个维度的特定组合，而其之间的关联是四个维度发挥作用的重要途径，是服务创新的关键所在。在服务创新四维度模型中，最主要的关联分别是市场营销、组织开发和销售。企业向已有顾客和新顾客推出某一新服务概念需要多方面的知识和技能。具体来说，服务企业与顾客间的相互作用以及对服务传递系统的改进和适应，需要服务销售方面的知识和技能，包括服务在何处被生产、如何在市场中被传递和销售的知识和技能。同样，新服务的生产和传递还需要组织方面的知识，即现有组织能否传递新服务、需要什么样的组织变化以适应新服务等。由此可见，只有通过单个维度的发展以及不同维度间的关联和相互作用，一项创新才有可能最终完成。

最后，从"商业智力"、"市场智力"、人力资源管理、"技术智力"四个方面来分析服务创新四维度模型对服务企业的重要意义。

首先，服务创新并不是孤立地发生，而是在一定的"社会——经济"背景下发生的。服务企业首先应该能够识别和持续监测现有竞争服务和潜在竞争服务，并对以下问题进行回答：竞争者会提供什么样的服务？是否有新企业正在进入市场？本企业提供的服务与竞争者提供的服务有何差异？这些问题构成服务企业的"商业智力"；其次，服务企业需要识别并与潜在和现实顾客保持联系，通过交互作用熟悉这些顾客的特性。企业应回答的问题是：谁是真正的目标客户？他们需要什么？他们喜欢产品吗？谁是潜在顾客？提供的服务在实际中如何被使用？本企业的服务提供是否丢失了某些要素？这些问题构成了所谓的"市场智力"；再次，服务企业需要知道员工的能力、技巧和态度是否已经达到创新的要求，是否能够进行新服务的"生产"。如果不够，就要对员工进行正式或非正式的培训以及招募新的员工来满足创新的要求。同时，服务企业还要对本企业和竞争企业的员工质量（掌握的一般知识和暗默性知识，工作灵活性，工作态度等）进行比较，发现不足并采取有效措施加以克服。很明显，这些问题与企业的人力资源管理和内部组织安排有关；最后，服务企业与运作外部环境的基本联系是技术知识或"技术智力"，即企业对技术的选择和运用，它在很多情况下是和企业的市场智力同等重要的因素。服务企业不需要自己掌握所有的相关技术，但至少要对有前途的技术领域有所了解，并能够判断技术需求和利用技术机会。

需要指出，四维度模型在定义上是人为的，模型中单个维度以及维度间的不同关联对每个服务企业的重要性都不相同。此外，不同类型服务所需的资源输入各不相同，对输入资源的搜索和选择过程也存在差异，服务创新过程受政策制定者影响的程度也有所不同。因此，服务企业在进行创新时，要根据自身条件和能力以及周围环境的特点选取适当的创新维度，准确把握不同维度间的关联，确保创新顺利、高效地进行（蔺雷，吴贵生，2004）。

## 3.5　本章小结

在本章中，我们介绍学习了服务模式创新的相关最新研究，以及相关典型案例和主要方法。服务创新的研究本身是服务科学研究的重要课题，也是服务工程体系构建的关键所在。不过由于创新本身往往缺乏系统性，或者说甚至是排斥系统性的，它可能更接近于艺术的创作，所以在学习研究过程中，我们需要搜集和分析更多的具体实例，从这些案例中，获取"灵感"。但服务模式创新也并非完全是偶然性的产物，我们仍然有方法和规律可以遵循和参考，服务创新四维度模型就是其中之一，更多的方法和思路，还需要大家自己结合实践，根据具体细分服务领域进行相应的学习和探索。

## 参 考 文 献

[1] Ian Miles，Handbook of ServiceScience ,Part6-Researchand Practice-Innovation 01 Service

Innovation,Introduction: The Double Ambiguity，2007.

[2] IBM，"小肥羊"：袅袅热气和翻滚鲜汤背后的信息化[R].2009-1-08.http://www-01.ibm.com/ software/success/cssdb.nsf/CS/GYYG-7MZ8T7 OpenDocument&Site=swchina&cty=zh_cn

[3] R. Bilderbeek，P. den Hertog，G. Marklund，I. Miles，Service in innovation：Knowledge Intensive Business, Sevices (KIBS)as co-producers of innovation，the result of SI4S，1998，11.

[4] 李墨风.服务科学暗藏巨大商机. 同线起跑中国现状喜忧参半[N].IT 时代周刊，2007（Z1）PAGE 63-65.

[5] 蔺雷，吴贵生. 服务创新的四维度模型. 数量经济技术经济研究，2004(03).

# 第4章  服务建模方法

上一章中，通过学习了解了服务模式与服务创新相关内容，对服务系统的宏观性的发展方向建立了基本认识。但服务系统与真实世界中相关联的具体化表现形式和方法，还未曾深入。本章就从服务模型和服务建模方法两方面入手，进一步具体学习服务系统构建的相关理论和方法。具体内容安排如图4-1所示。

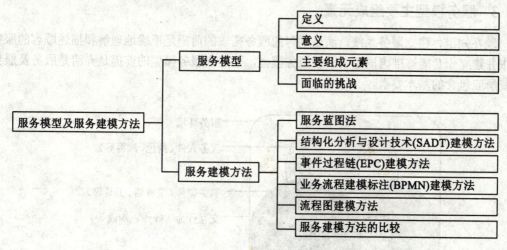

图4-1  内容导图

## 4.1  服务模型

### 4.1.1  服务模型的定义

在服务系统构建中，首先需要描述服务，这就需对待描述的服务要素进行抽象，即服务模型。服务模型是对现实世界中各类差异较大的服务的一种抽象化的描述。关于服务模型的定义并没有公认的定论，在软件工程中，一般将服务模型定义为一个服务的抽象；而在SOA面向服务的架构中，认为服务模型即为基于服务提供的应用逻辑性质和在整体解决方案内与业务相关的角色所进行的分类。

从服务科学角度，可以将服务模型定义为一种用于模拟服务系统运作的抽象表达形式。根据抽象程度的情况，服务模型的复杂程度也随之改变；另外，其应用情况决定了服务系统中的何种组成部分被模拟，譬如，用于改善服务质量的 SERVQUAL 服务质量模型，以及用于弥补服务失败的服务修复模型等。

### 4.1.2  服务模型的意义

作为服务工程方法系统最基本的一个组成部分，初期服务模型的建立准确与否直接决定了一个服务系统构建的顺畅程度。

从需求的角度来看，一个服务系统的构建过程，根本上说就是实现顾客服务需求的过程，而服务模型作为服务需求的开发和描述方式，决定了服务系统的具体形态，一套能够准确描述需求的服务模型将会在构建过程中指引开发人员开发和改进，而不准确甚至错误的服务模型将是开放人员的梦魇。

从服务模型的定位来审视图 3-1，区别于服务模式在服务生命周期中的纲领指向性作用，服务模式需要将抽象层面的构想转化为具体的设计，对于服务系统而言，服务模型将更为直接地决定其具体形态。

### 4.1.3  服务模型主要组成元素

现在知道，建立服务系统，满足顾客的服务需求的前提是正确地理解和描述顾客的服务需求并建立一套能够准确描述需求的服务模型，而建立服务模型的前提是弄清楚服务及服务系统所应包含的基本要素。

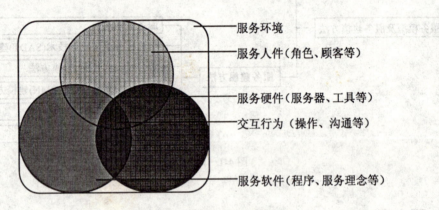

图 4-2  服务模型主要组成元素

如图 4-2 所示，一般将服务要素分为以下五类：①服务环境（Service Environment），即整个服务系统所处的环境，它可能是物理世界的环境，譬如餐饮服务的地理位置、周遭环境，它也可能是非物理的环境，譬如企业所处国家的法律、文化、政治制度等；②服务人件（Liveware），它指的是参与服务系统中的人，其中主要包括企业相关人力资源及能力、上下游关系人及组织、系统中的角色定位以及顾客；③服务硬件，它指的是服务系统运作所依托的硬件设置，它可能是传统服务业中的某种工具，譬如厨师的烹饪工具，又或者是现代信息服务业中一台服务器；④服务软件，这里软件包括传统服务业中服务理念或者企业的文化，更多地是指服务系统中所使用的软件程序，譬如日常使用的操作系统等；⑤交互行为，即人、硬件、软件间交互的过程、活动、行为等，这个过程中可能涉及顾客与软硬件、顾客与顾客、顾客与服务商、服务商与相关关系人、服务商与软硬件等之间的行为。

### 4.1.4　服务模型所面临的挑战

国内外相关研究者从各个角度研究了服务模型的形式，譬如参考化学中的分子结构，提出了产品/服务设计分子结构模型，通过产品/服务的组件（原子）和产品/服务组件之间的关系（化学键）组成产品/服务（分子）。分子结构模型体现了对产品/服务的分层结构化设计，但是缺乏对服务整体过程的直观表现。为此，继而有研究者提出了包含有形展示、顾客行为、前台员工行为、后台员工行为和支持过程的服务蓝图模型，通过图形来直观展示服务实施的过程、接待顾客的地点、顾客雇员的角色和服务中的可见要素。然而，图形化服务模型的构造随意性很大，缺乏相应的规则约束，对图形的文字解释也容易造成理解上的歧义。因此，又有研究生学者提出从形式化的角度出发来定义服务模型，将服务分解为若干服务活动，每个服务活动是一个（输入、输出、控制、组织）四元组。该模型只适用于描述静态服务模型，对于服务系统交互过程则无法进行描述。

建立一个良好的服务模型的主要挑战在于变量太多。由于服务的对象是人，客户服务的要求、服务团队的人员都会变，不同的技能人员在服务生命周期里担任不同的角色，所需的交互也非常频繁。针对不同行业建立不同的服务模型，采取系统化的思考方式，更灵活地适应外界环境的变化，是一件非常困难的事情。针对这一问题，研究者提出将服务建模过程看作对 IT 服务的规划过程（将资源分配给特定服务，以达到服务质量与资源利用的同时最优化），并将其转化为一个约束满足问题（Constraint Satisfaction Problems，CSP），以降低服务模型中变量太多、约束条件变化太频繁所带来的困难。

服务模型的另一个挑战是对服务中频繁的、复杂的交互过程（尤其是各参与方的行为）进行精确描述。在这方面，目前广泛采用的是利用统一建模语言（Unified Modeling Language，UML）的状态机视图、活动视图和交互视图对复杂交互过程进行描述，但由于 UML 缺乏对服务中一些关键要素的支持，直接利用 UML 建模将十分困难或导致最终模型很复杂。另外，由于 UML 是一种半图形化半形式化的建模语言，服务的很多语义特征（如行为的约束条件、时序、依赖关系等）也无法在 UML 中严格地刻画。因此，通过使用 UML 的扩展机制来对 UML 进行适当扩展，在其中加入服务模型的相应概念元素，并引入诸如对象约束逻辑（Object Constraint Logic，OCL）、动态描述逻辑（Dynamic Description Logic，DDL）、过程逻辑（Process Logic，PL）等语义工具对 UML 进行扩展，形成适合描述服务的复合语言，应该是一种可行的解决方案。

正是为了应对这些挑战，需要借鉴和学习原有的相关理论，下面来具体介绍五种典型的服务建模方法，它们分别是服务蓝图法、结构化分析与设计技术（SADT）建模方法、事件过程链（EPC）建模方法、业务流程建模标注（BPMN）建模方法、流程图建模方法。

## 4.2　服务蓝图

### 4.2.1　服务蓝图的产生与定义

服务蓝图的出现实际上也是源于客户的需求。当客户购买企业某种服务的时候，他们往往希望能了解服务的全貌，也即自己将经历什么过程，得到怎样的结果，以及其与企业之间的关系等。然而，服务与产品不同，有形的产品可以用图纸、标准对其质量特性进行描述。但服务由于其无形性、可变性等属性，很难对其进行具体的说明和评判，顾客也就很难了解其所想了解的服务内涵及外延等内容。另外，服务质量的评价在很大程度上又依赖于人们的感觉和主观判断，这给服务质量的控制和管理带来很多挑战。

同时这种服务的表达困难也是大型服务企业所面临的重要挑战。譬如说，新加入的员工在没有服务蓝图的帮助下，他们可能需要数倍的时间才能真正了解自己所在职位所需要完成的工作和任务。

基于以上一系列的原因，20 世纪 80 年代美国学者 G. Lynn Shostack 和 Jane Kingmam Brundage 等人将工业设计、决策学、后勤学和计算机图形学等学科的有关技术应用到服务设计方面，开创性地提出了服务蓝图建模方法。

对于服务蓝图的定义，一般将其定义为一种准确地描述服务体系的工具。它的工具性体现在，它借助于流程图，通过持续地描述服务提供过程、服务遭遇、员工和顾客的角色以及服务的有形证据来直观地展示服务。通过服务蓝图的描述，就可以将服务合理地分解成若干个步骤、任务以及完成任务的方法，使服务提供过程中的参与者都能直观地理解和处理它。

在服务蓝图建模方法中，主要可分为"结构要素"与"管理要素"两个部分。服务的结构要素，实际上定义了服务传递系统的整体规划，其包括服务台的设置、服务能力的规划等；服务的管理要素，则明确了服务接触的标准和要求，规定了合理的服务水平、绩效评估指标、服务品质要素等。

### 4.2.2　服务蓝图的构成

如图 4-3 所示，一个抽象的服务蓝图被三条线分成四个部分，自上而下它们分别是顾客行为、前台接触员工行为、后台接触员工行为以及支持过程。

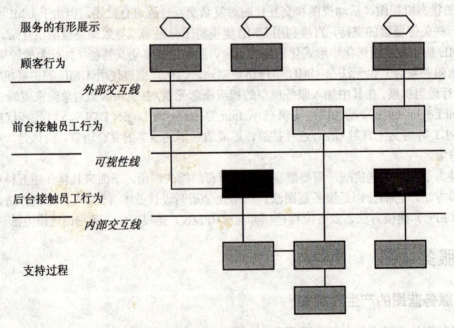

图 4-3　服务蓝图的基本构成

其中最上面的一部分是顾客行为，这一部分紧紧围绕着顾客在采购、消费和评价服务过

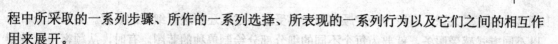

程中所采取的一系列步骤、所作的一系列选择、所表现的一系列行为以及它们之间的相互作用来展开。

接下来其中的一种是接触员工行为的前后台员工行为。接触人员的行为和步骤中顾客看得见的部分是前台员工行为，另一种顾客看不见的支持前台活动的接触员工行为是后台员工行为，最后一部分是服务的支持过程，这一部分覆盖了在传递服务过程中所发生的支持接触员工的各种内部服务及其步骤和它们之间的相互作用。

隔开四个关键行动领域的三条水平线，最上面的一条线是"外部交互线"，它代表了顾客和服务企业之间的直接的相互作用，其中一旦有垂直线和它相交叉，则表示发生了服务遭遇（顾客和企业之间的直接接触）；中间的一条水平线是"可见性线"，顾名思义，它把所有顾客看得见的服务活动与看不见的分隔开来，通过分析有多少服务发生在"可见性线"以上及以下，一眼就可明了为顾客提供服务的情况并区分哪些活动是前台接触员工行为，哪些活动是台后接触员工行为。第三条线是"内部交互线"，它把接触员工的活动同对它的服务支持活动分隔开来，是"内部顾客"和"内部服务人员"之间的相互作用线，如有垂直线和它相交叉，则意味着发生了内部服务遭遇。

### 4.2.3　建立服务蓝图的步骤

建立一个服务蓝图模型为以下五个基本步骤，如图4-4所示。

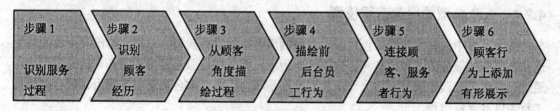

图4-4　建立服务蓝图的过程

步骤一，识别服务过程。即了解所需要建立服务蓝图的服务系统的基本过程，明确服务涉及对象。对将要绘制服务蓝图的过程的识别取决于建立蓝图的潜在目的。如果目的大体在于表达总体流程的性质，那么概念蓝图不需要太多细节。如果蓝图要用于诊断和改进服务过程，那就要更加详细些。由于有些人比别人更加重视细节，该问题经常被提出，需要蓝图开发团队给予解决。如果服务过程例外事件不多，可以在蓝图上描绘比较简单、经常发生的例外补救过程。但是这样会使蓝图变得复杂、易于混淆或不易阅读。一个经常采用的、更好的形式是在蓝图上显示基本失误点，有必要时也可为服务补救过程开发新的子蓝图。

步骤二，识别顾客经历。即识别顾客对固有服务的经历，市场细分的一个基本前提是每个细分部分的需求是不同的，因而对服务或产品的需求也相应变化。假设服务过程因细分市场不同而变化，这时为某位特定的顾客或某类细分顾客开发蓝图将非常有用。在抽象或概念的水平上，各种细分顾客纳入在一幅蓝图中是可能的。但是，如果需要达到不同水平，开发单独的蓝图就一定要避免含糊不清，并使蓝图效能最大化。

步骤三，从顾客角度描绘过程。该步骤包括描绘顾客在购物、消费和评价服务中执行或经历的选择和行为。如果描绘的过程是内部服务，那么顾客就是参与服务的雇员。从顾客的角度识别服务可以避免把注意力集中在对顾客没有影响的过程和步骤上。该步骤要求必须对顾客是谁达成共识，有时为确定顾客如何感受服务过程还要进行细致的研究。如果细分市场以不同方式感受服务，就要为每个不同的细分部分绘制单独的蓝图。有时，从顾客角度看到的服务起始点并不容易被意识到。在为现有服务开发蓝图时，可以把服务录制或拍摄下来。通常情况往往是，经理和不在一线工作的人并不确切了解顾客在经历什么，以及顾客看到的是什么。

步骤四，描绘前、后台员工行为。首先画外部相互作用线和可见性线，然后图示从一线员工的角度所理解的服务过程，区分前台员工行为和后台员工行为。建立蓝图的人员必须了解一线员工的所作所为以及哪些活动是完全暴露在顾客面前的，而哪些活动是顾客所看不见的。

步骤五，将顾客行为、服务人员行为与支持功能相连。下面可以画出内部互动线，随后即可识别出服务人员行为与内部支持职能部门的联系。在这一过程中，内部行为对顾客的直接或间接影响方才显现出来。从内部服务过程与顾客关联的角度出发，它会呈现出更大的重要性。

步骤六，在每个顾客行为步骤加上有形展示。最后在蓝图上添加有形展示，说明顾客看到的东西以及顾客经历中每个步骤所得到的有形物质。包括服务过程的照片、幻灯片或录像在内的形象蓝图在该阶段也非常有用，它能够帮助分析有形物质的影响及其整体战略及服务定位的一致性。

### 4.2.4　一个典型的服务蓝图模型

按照上节中的建模步骤，可以试对身边的服务系统进行建模。这里，给出一个典型的快递物流服务的服务蓝图作为参考。如图 4-5 所示，整个快递服务蓝图按照基本构成图形式，通过三条线分成四个部分，自上而下它们分别是顾客行为、前台接触员工行为、后台接触员工行为以及支持过程。

在图中，顾客及其行为部分是顾客根据快递公司的订单处理程序，所采取的电话下单、网络下单及其他下单行为及其相互作用；前台服务员工行为主要是快递公司员工上门取件和上门送货活动，这一部分是企业与顾客接触的主要部分；后台服务员工行为则是快递公司为前台员工提供支持的活动，如订单处理、顾客单据、服务费用处理等；快递企业内部支持活动主要包括集货、运输、分货、配送等环节，这也是快递物流质量的决定性环节。

从整体上看，快递物流服务过程包括订单处理作业、集货作业、运输作业、分货作业和配送作业。从顾客角度看，快递物流服务包括三个步骤：下订单（通过电话或网络）、交付包裹（快递公司前台员工上门收取）、收取包裹（快递公司前台员工上门送达）。对快递物流公司而言，与顾客紧密接触的是订单接线员、网络订单确认人员、上门收件员和上门送货员。在这三个环节的有形展示是影响顾客感知服务质量的重要因素。订单处理环节的有形展示主要为语调、语气、网上订单表格等；上门收货和上门送货环节的有形展示主要为：员工语调、语气、制服、车辆、终端设备（射频设备、电脑等）、包装袋、单据等。

### 4.2.5　服务蓝图的优缺点

服务蓝图是现代服务行业最常用的一种建模方法，它的优点在于：①覆盖了顾客与服务提供者两方面的行为，使企业能更全面、更深入、更准确的了解所提供的服务，及顾客所需要的需求，提高顾客的满意度；②服务被合理地分解成服务提供过程的步骤、任务及完成任

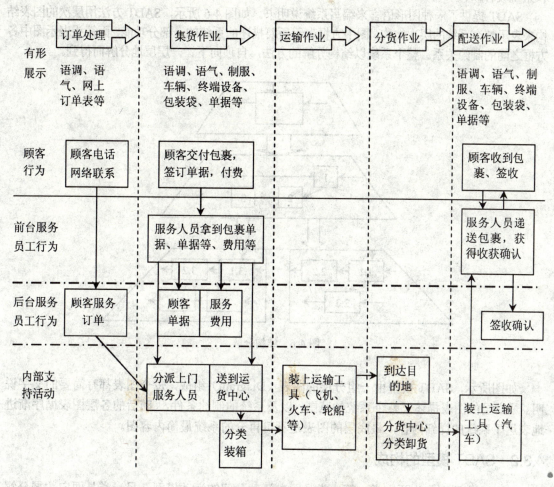

图 4-5 典型物流服务的服务蓝图

务的方法，有助于企业建立完善的服务操作程序，明确职责、落实责任，同时，企业可以根据需要，明确各类员工培训工作的重点、有针对性地提高员工服务技能；③顾客同服务人员的接触点被识别出来，从而可以从这些接触点出发来改进服务质量；④在时间维度上描述服务的动态行为。

但它也存在缺点，譬如说未能反映出服务的其他方面，如地点、设施、环境等。

## 4.3 结构化分析与设计技术（SADT）建模方法

### 4.3.1 SADT 的定义

SADT 全称 Structured Analysis and Design Technique，即结构化分析与设计技术，实际上它是 Softech 公司为解决复杂问题而提出的一种软件设计技术，也是目前软件系统开发中使用最广泛的一种技术。

SADT 首先对问题进行结构分析，然后逐层分解，直至明了做什么（在需求分析阶段）或怎样做（在设计阶段）为止，最后写出详细的系统说明书。因此，该技术适合于需求分析和系统设计阶段。

　　SADT 提供了一种图形语言来编写系统说明书。如图 4-6 所示，SADT 方法用层次的图表结构来表示整个系统的层次结构，图中方框表示所要描述的系统的一部分功能，而箭头表示图中各方框之间的制约关系。整个系统以结构分解的方法，自顶向下、一层层地分解而得到。

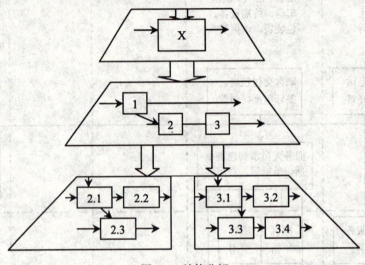

图 4-6　结构分解

　　如图所示，SADT 模型由一组分层的图表（Diagram）组成，每个图表都有简要的文字说明。最高层的图表描述了整个系统的范围，以及系统的制约条件，随后的各层图表循序渐进地表达了系统的详细内容，最底层的图表是不可再分的系统最简内容图。

### 4.3.2　SADT 模型的构成

　　SADT 模型可分为两大类，第一类是面向活动分解的活动模型，另一类是面向数据分解的数据模型。这两种类型的模型都包含有活动和数据，其区别就在于系统一开始时的分解。如图 4-7 所示，活动模型中的活动图表上，方框代表活动，箭头代表数据。而数据模型中的数据图表上，方框代表数据，箭头代表活动。简单来说，活动模型就是用来描述活动分解的。

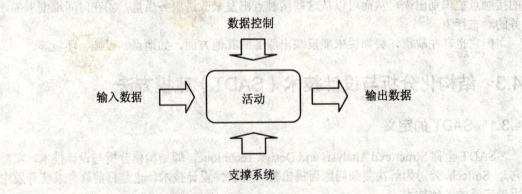

图 4-7　SADT 中的活动方框

此外，在活动模型中数据是作为输入（INPUT）、输出（OUTPUT）、控制（CONTROL），以及支撑机构（MECHANISM）用的。图示中方框左边是输入数据，它是活动的输入数据流。方框的右边是输出数据，它是活动的输出数据流。方框上面是控制数据，它给出活动的限制条件。方框底部是活动的支撑机构，它可用来标出负责该活动的部门、单位、个人。

如图 4-8 所示，与活动模型一样，SADT 数据模型方框的左边是产生这个数据的活动，右边是使用这个数据的活动，顶部是产生和使用这个数据的制约活动，底部是该数据的存储机构（如文件等）。

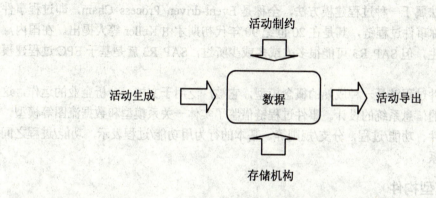

图 4-8　SADT 中的数据方框

## 4.3.3　SADT 的审核过程

SADT 建模方法一般用于需求分析和系统设计，但为获得更好的系统模型，图表的草案会经常送给有关人员进行审核。过程如图 4-9 所示。

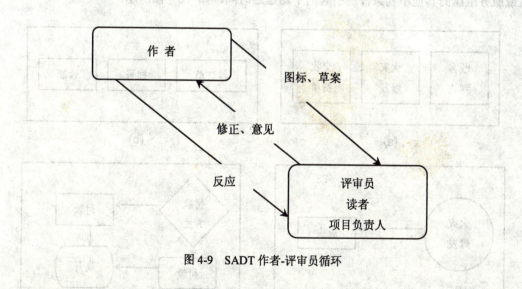

图 4-9　SADT 作者-评审员循环

模型作者在完成 SADT 建模后，先必须将图表草案交给评审员、读者查看，分别给出直接和间接的意见（读者一般不能直接在其上写下他的意见），作者接到评审意见后进行进一步研究。若需要改动，则项目资料员把方案记录下来，包括修改的地点和原因。当作者和评审员对草案取得一致意见后，该草案交送到技术委员会和项目负责人进行进一步审核。

SADT 建模方法拥有其优点，比如严谨性、结构化等，但它也有其局限性，以及效率较低等问题。

# 4.4  事件过程链（EPC）建模方法

## 4.4.1  EPC 的定义

EPC 建模方法属于一种过程建模方法，全称是 Event-driven Process Chain，即过程事件驱动过程链，简称事件过程链，其是在 20 世纪 90 年代初期才由 Keller 等人提出。在国内，EPC 可能相对陌生，但 SAP R3 可能很多人或多或少听过，SAP R3 就是基于 EPC 过程建模的。

实际上，事件过程链是一种成熟的概念模型，它被广泛用于文档，分析企业的运作，这些活动成为基本的信息系统的设计。事件过程链借鉴了实体一关系模型和数据流图等模型，其基本元素有事件、功能/过程，分支/规则等。基本的行为用功能/过程表示，功能/过程之间通过事件构成联系。

## 4.4.2  EPC 模型构件

在 EPC 模型中，包括四个主要构建：事件、过程、分支、等待。每个 EPC 模型构件的描述如下：①事件，是 BPR 项目团队所关注的，在某个时点上所感知的变化状态。如图 4-10 中（a）图所示；②过程，指的是一定时间内由顾客或顾客与服务者之间完成的活动或活动链，它通常是所激发事件的响应，如（b）图所示；③分支，是基于一定的状态变量值，事件过程流进入多个支流的条件分离，如（c）图所示；④等待，指的是在事件或过程开始前，由于排队或服务组织的其他不利条件而引起的平均延迟时间，如（d）图所示。

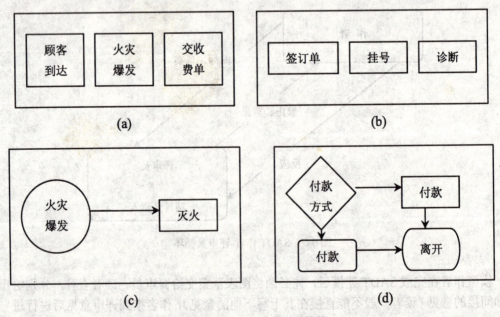

图 4-10  EPC 模型四种构件

　　此外，事件过程链也可以从顾客角度画出，如图 4-11 所示，一般称为第一层 EPC。如果有特别长的处理或等待时间，EPC 可以对特定的处理或等待扩展，进而发现减少顾客所承受的总等待时间的可能性。图 4-11 还可以扩展为如图 4-12 所示的第二层 EPC。

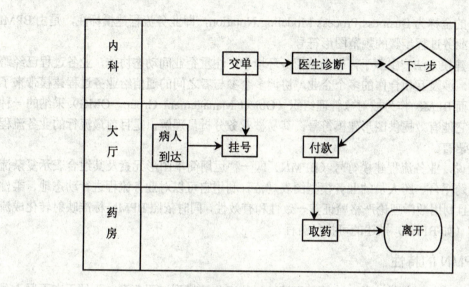

图 4-11　EPC 第一层

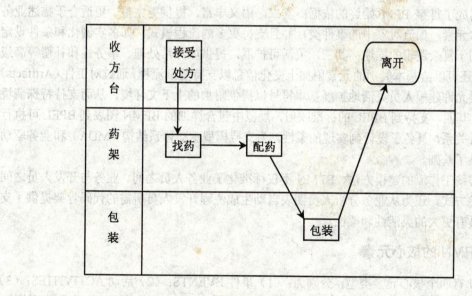

图 4-12　EPC 第二层

　　在 EPC 优势方面，认为其有两大优点：①它覆盖了功能、行为、组织、信息四个方面，服务模型比较完备；②模型元素"等待"相当于服务蓝图中的可视性分线，有效补充 EPC 建模表达形式化程度。（李建中，陈良漱，顾鸿）

## 4.5 业务流程建模标注（BPMN）建模方法

### 4.5.1 BPMN 的定义

BPMN 的全称为 Business Process Modeling Notation，即业务流程建模标注，是由 BPMI 发布的表示业务过程步骤的规范图形符号。

BPMN 建模方法产生源于，在当前商务环境中，注重企业间动态协作，业务过程已经跨越组织边界，涉及互相合作的多个企业，协调多个参与者之间的通信给业务过程建模带来了新的挑战。而 BPMN 作为被对象管理组织（Object Management Group，OMG）采纳的一种建模规范，它能有效提供图形建模符号，其易被业务分析员理解，是目前最流行的业务流程可视化描述语言。

简单地说，业务流程建模符号（BPMN）即一种运用简单图形元素及其组合表示复杂流程逻辑的、跨平台、跨人员的业务模型图表规范。利用它可以对业务流程进行动态地、柔性地建模，并且利用数学理论严格验证其一致性和有效性，同时依照 BPMN 标准映射转化成流程执行语言（如 BPEL）描述的可执行流程。

### 4.5.2 BPMN 的特性

BPMN 具有如下特性：其一，简单可读，以往工作流模型过于复杂，不便于在不同人员间交流和沟通。而 BPMN 图形直观形象、流程整个生命周期所涉的不同人员都能够轻易理解，因此其成了贯穿 BPM 始终的依据；其二，语义丰富，提供更完整、更适合于描述业务流程的基本元素，如流对象中的事件类，并且支持更多的流程模式，如多实例化和条件设定等，更有利于复杂逻辑的描述；其三，灵活可扩展，提供如异常处理、事务性和补偿等高级建模概念，还可以给基本类别的元素附加上变化信息以支持复杂流程，通过对工件（Artifacts）自定义扩展允许建模人员灵活地扩展基本符号以提供附加的上下文环境，从而支持特殊情境下的建模；其四，支持到 BPEL 的标准映射，规范中包含详细的 BPMN 图表到 BPEL 可执行语言的映射关系，具备了设计到实现的柔性，为支持模型驱动体系结构（MDA）和业务驱动的开发提供了基础。

相比传统工作流的建模方法，BPMN 不仅标准化了业务人员之间、业务与开发人员之间交流的描述方式，还为从业务分析人员图表自动生成流程开发人员所需的代码骨架提供了支持，因此具有更大的灵活性和柔性。

### 4.5.3 BPMN 的核心元素

BPMN 有四个核心元素类型，分别为：（1）事件 EVENTS；（2）活动 ACTIVITIES；（3）门关 GATEWAYS；（4）连接 CONNECTIONS。这些基本通过不同类型的对象联系相互连接。即序列流，信息流等，BPMN 的核心符号。下面，再从 BPMN 的流对象、连接对象、泳池、制品四个层面来看其中具体元素概念。

BPMN 流对象中，主要包括事件、活动、门关。其中，事件指的是触发业务流程或在流程执行过程中发生的事情；活动指的是企业所做的工作，活动的类型有处理、子处理和任务，处理可以分解为子处理，最底层的不能进一步分解的原子处理成为任务；门关，是决策点，它根据一些逻辑条件控制顺序流的汇聚和分支。

在 BPMN 连接对象中，主要包括顺序流、消息流、关联。其中，顺序流是用来表示活动执行顺序的符号；消息流是表示两个实体间的消息传递，在 BPMN 中，实体用泳池表示；关联用来将各种制品（如文档，注释等）和流对象联系起来。

在 BPMN 泳池中，主要包括泳池、泳道这两个概念。其中，泳池常用于 B2B 建模，通常代表不同的实体，用来分组不同实体执行的流程；而泳道是泳池内部进一步划分的产物，通常代表同一实体内不同的部门。

在 BPMN 制品中，主要包括数据对象、分组、注解。数据对象，即表示活动所需或产生的数据，可以用关联符号连接数据对象和活动；分组是用于将 BPMN 图中某部分进行划分新的组，分组仅用于文档和分析的目的，不影响系统流程；注解，即允许建模者在 BPMN 图中增加文本注释。

### 4.5.4 BPMN 的一个典型模型

如图 4-13 所示，是一个典型的 BPMN 模型，它可以用于各种赔偿申诉服务流程，譬如保险理赔申诉流程。整个流程通过启动事件（Start Event）在接受委托人的提交索赔，先经过登记，然后判断是否受理，不受理则返回索赔，如接受受理则进行评估，然后进行赔偿即结束事件（End Event）。

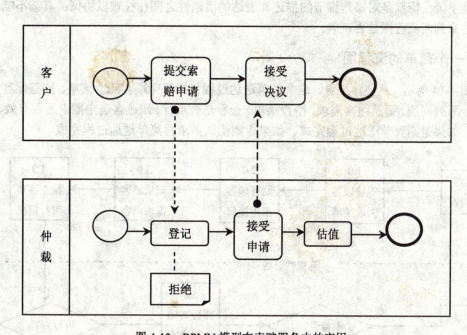

图 4-13　BPMN 模型在索赔服务中的应用

## 4.6　流程图建模方法

### 4.6.1　流程图的定义

流程图建模方法是被广泛应用的一种建模方法，实际上，它是建立在网络模型基础上，其借助于流程图形式的表达便于理解整体情况。在企业中，流程图主要用来说明某一过程。这种过程既可以是生产线上的工艺流程，也可以是完成一项任务必需的管理过程。

流程图通过简单的文字来表达复杂的推理思路、步骤、因果联系，可以清晰地描述过程的输入、输出、资源配给和逻辑关系等，将流程图应用在实验室的质量管理活动中，可以有效加强过程控制的条理性和逻辑性。基于流程图直观、清晰、易懂、便于检查、修改和交流等多种优点，其广泛用于软件开发人员的程序设计过程，对于大的结构性设计，可以方便地进行条块分割和接口设计；对于具体的过程实现，可以方便地归纳输入输出、资源调配、功能安排等。在服务建模过程中，也可以将此作为一种基础的建模方法，与其他建模方法结合使用。

### 4.6.2 流程图的优缺点

流程图的优点，具体而言在于以下四点：①流程图可以清楚地指示出操作的顺序，在查错过程中可以用来追寻出错的原因和出错位置所在；②利用流程图，可以很方便地把一个问题划分为若干个子问题；③简明易懂便于交流和沟通、修改；④流程图使用标准的框和流程线，因而具有通用性，可以被广泛借用。

但流程图也存在缺陷：其①用流程图很难把复杂的问题描绘得很清楚，当程序的复杂性增加时性下降，特别是对操作细节的描述和表达的清晰性之间往往难以协调；其②不能用测试的方法来判断流程图是否正确。

### 4.6.3 一个简单的流程图

如图4-14所示，从整体上看，这个菜单送达过程包括等待顾客阅读菜单、回答顾客关于菜单的一系列问题、记录顾客需求、检查菜单、查看是否可行、跟顾客确定需求是否有效、是否连接、如果是则菜单送达过程完成、如果否则确认需求再菜单送达过程完成。

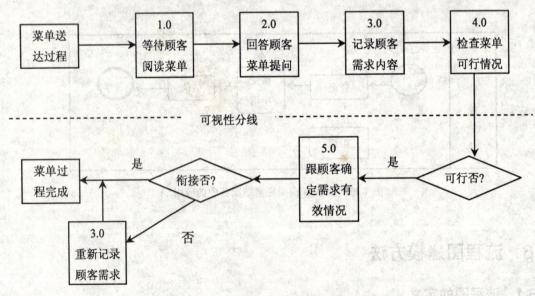

图 4-14　简单的点餐流程图

而从等待顾客阅读菜单到查看是否可行都是可视的，也就是能被顾客所感知看见。这几个环节的有形展示是影响顾客感知、服务质量的重要因素。点菜的处理环节的有形展示主要为语调、语气等。而是否可行的有形展示为饭店的硬件设施和管理制度的体现。

## 4.7 服务建模方法的比较

从表 4-1 中可以看出，服务蓝图的基本表达能力无论是从结构性还是形式化都是相对来说比较弱的，SADT 的基本表达能力相对较强。流程图结构性适中，而形式化较强。EPC、BPMN 同流程图在基本表达能力上是一样的。

表 4-1 　　　　　　　　　　　　　　五种服务建模方法的比较

| 语 义 | | 模 型 | | | | |
|---|---|---|---|---|---|---|
| | | 服务蓝图 | SADT | 事件过程链 | BPMN | 流程图 |
| 基本表达能力 | 结构化 | 弱 | 强 | 中 | 中 | 中 |
| | 形式化 | 弱 | 强 | 强 | 强 | 强 |
| 业务表达能力 | 流程与时间 | 强 | 中 | 强 | 强 | 强 |
| | 组　织 | 中 | 强 | 强 | 强 | 中 |
| | 资　源 | 强 | 强 | 中 | 弱 | 弱 |
| | 输入输出信息 | 弱 | 强 | 强 | 强 | 弱 |
| 特征表达能力 | 交互性 | 强 | 弱 | 弱 | 中 | 弱 |
| | 价值与风险 | 弱 | 弱 | 弱 | 弱 | 弱 |
| 易用性 | | 强 | 强 | 中 | 强 | 强 |

而在业务表达能力上，服务蓝图的流程与实践的控制及资源的掌控能力是相对较强的，而组织能力适中，输入输出信息的能力较弱。SADT 的组织能力和资源掌控能力、输入输出信息的能力较强，而流程与时间的能力较弱。流程图的流程与时间能力强，而资源与输入输出信息较弱，组织能力适中。EPC 的流程与时间、组织、输入输出信息能力强，而资源适中。BPMN 流程与时间、组织、输入输出信息能力强，而资源弱。

在特征表达能力上，服务蓝图的交互性强，价值与风险能力弱，SADT、流程图、EPC 两者都弱，BPMN 的交互性适中，而价值与风险能力弱。在易用性方面，服务蓝图、SADT、流程图、BPMN 都较强，EPC 较弱。

因此，面对服务建模问题时，更多时候需要根据具体情况，针对不同系统、不同开发团队、不同技术需求等，做出相应选择。

## 4.8 本章小结

在本章中，我们首先通过学习服务模型的相关知识，了解其在服务工程体系中的重要性，以及其基本组成元素，对实际建模学习打下基础，然后又进一步学习了解了目前主要的几种服务建模方法，并通过具体的相关例子，建立感性认知，再通过简单比较，以求在未来的实践中，能做到具体问题具体分析，灵活运用各种建模方法。

# 参 考 文 献

[1] 闫道广，李东，刘冬冬. 流程图在实验室质量管理中的应用[J]. 化学分析计量，2009(05).

[2] 陈世鸿，彭蓉等. 面向对象软件工程[M]. 北京：电子工业出版社，1999.

[3] 徐明，吉宗玉. 服务蓝图及其应用[J]. 价值工程，1999(06).

[4] 周之英. 现代软件工程（中）[M]. 北京：科学出版社，2000.

[5] 周苏，陈敏玲，陈根才，王文等编著. 软件工程及其应用[M]. 天津：天津科学技术出版社，1992.

[6] 王鲁滨主编. 企业信息化建设：理论·实务·案例[M]. 北京：经济管理出版社，2007.

[7] 喻坚，韩燕波著. 面向服务的计算：原理和应用[M]. 兰州：甘肃人民美术出版社，2006.

[8] 蔡章利，易树平. 基于 BPMN 的业务流程一体化建模方法[J]. 计算机集成制造系统，2010(03).

[9] 陈德人主编. 电子商务系统结构[M]. 北京：高等教育出版社，2008.

[10] 莫同，徐晓飞，王忠杰. 面向服务系统设计的服务需求模型[J]. 计算机集成制造系统，2009(04).

[11] 孔繁荣，曹国兴. "大 6S" 与流程管理实务[M]. 北京：中国标准出版社，2007.

[12] 周洞汝. 微型计算机自学入门辅导教程[M]. 北京：宇航出版社，1988.

[13] 徐晓飞，王忠杰，莫同. 服务工程方法体系[J]. 计算机集成制造系统，2007(08).

# 第5章  服务要素与服务资产

上一章，在学习服务模型及其主要建模方法中，已经对服务要素有了基本认识，在本章中，将进一步地深入了解服务要素和服务资产相关知识。内容安排如图 5-1 所示。

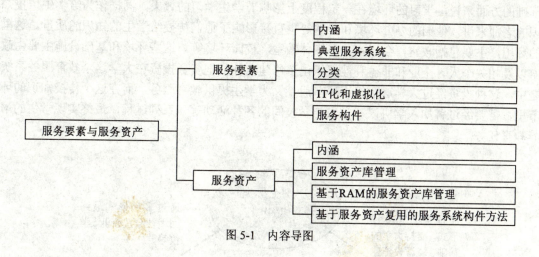

图 5-1　内容导图

## 5.1　服务要素

### 5.1.1　服务要素的内涵

在前面章节中，已经从很多角度阐述过服务的内涵和外延，而了解服务要素必须回归服务的内涵，所以这里先简单回顾一下服务的特性和内涵。

从服务特性来看，服务是一方能够向另一方提供的基本上是无形的任何行为和绩效，并且不导致任何所有权的产生。它的生产可能与某种物质产品相联系，也可能毫无联系。（张圣亮，张正明，2008）从服务的参与者来定义，服务被定义为一种为了使另一方获利的一种能力的应用，这意味着服务是一种供应商和客户交换价值的行为或承诺。（Jim Spohrer, Paul P. Maglio, John Bailey, Daniel Gruhl，2007）

从以上的定义中可以引申出以下结论：服务至少包含两个主体（服务供应商和服务客户），在服务中供应商给客户的价值，是通过向客户提供某种产品或服务，这样一个过程中实现的，也可能是在销售完成后为实现某种承诺过程中产生的，而整个过程的运作系统即为服务系统。

而服务系统即是由服务要素所组成，一个服务系统中的服务要素主要包括人或组织（需求者、提供者）、行为、资源、环境、软件、技术。同时，多个原子的服务要素可按特定的结构关系组合在一起，形成复合的服务要素。下面通过一些典型的服务系统例子，具体了解构成服务系统的主要服务要素。

### 5.1.2 典型的服务系统

实际上，服务系统是一个包含服务供应商和服务客户在复杂的价值链和协同工作的网络系统。这里，先通过一个简单的教育服务系统实例来帮助理解抽象的服务系统的概念。

如图 5-2 所示，这是一个基本的教育服务系统，也可以将其理解为大学全体员工与学生之间的协议，关系和其他一些交流使得作为服务提供商的大学可以顺利地将知识教给学生，其中涉及的主要人员有学生、大学老师、行政人员，以及食堂，环卫工人等后勤人员。从最基础的方面来说，学习的环境在一定程度上影响着学生学习的效果，同样作为给学生传授知识的老师来讲，他们的办公环境和待遇等也直接影响了他们传授给学生的知识的质量。这里的环境，主要包括教室，会议室，多媒体教室，校园环境等。这些环境和基础设施主要由政府以及相关个人、企业和非盈利性组织出资修建，他们把资金投资在大学这个教育服务系统之中，这种投资经过大学这个组织环节后，又为学生提供教育服务，而在这个传授知识的环节里，需要经过譬如入学协议、学生与学校间的各种活动等一系列过程，最终实现学生的培养教育任务。

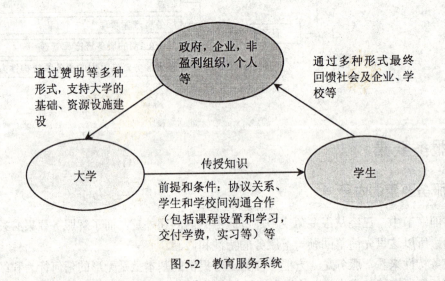

图 5-2　教育服务系统

一个好的教育服务系统最终能给学校和学生双方都带来益处，学生获得了应该学到的知识，找到很好的工作，同时学校也因为这些优秀的学生得到好的名誉，通过学生可以吸引到更多优秀的人才，从而形成一个良性的循环。此外，个人，企业，非营利性组织和政府等也在教育服务系统中得到各种回报。譬如说，那些资助企业会获得额外的企业影响力和感召力，相当于一次针对高校群体的公关活动，最直接的收益就是能够招募更多优秀的大学生，个人捐赠亦是如此。对于社会政府，人才可以为企业奉献的同时，其实也在为政府为社会的安定和财富做贡献。这即为一个良性运转的服务系统。

区别于上面所讲宏观性的服务系统，如图 5-3 所示的跨组织服务系统更接近于日常所涉及的具体的服务系统，它们往往都由多个组织参与组织而成，而在其中，如 T1 到 T3 环节由组织 A 完成，完成后交付于组织 B，经由 T4 至 T6 完成交付组织 C。在这样一个服务系统中，每一个步骤有可能由某一个软件承担，譬如 T5 所进行的质量测试一般可交付于 Java 相关软件完成，也有可能由某个人来承担，譬如 T2 中的样品准备，再或者由某个硬件来承担，譬如说 T6 的序列获取就一般为 SAP 负责。这些承担服务系统运转的载体即为服务要素，实际上大部分环节的服务要素都是多个要素组成的复合要素，在后面进一步展开。

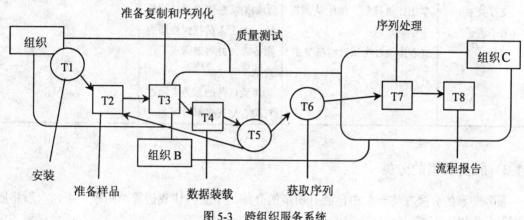

图 5-3　跨组织服务系统

如表 5-1 所示，这里以大学教育服务系统、呼叫中心、Web2.0 中的 Mashup 三个不同领域的服务系统为例进行对比，可以看出基于服务要素的服务系统理论是具有普遍适用性的。实际上，无论描述的服务系统属于何种具体的领域，都可以从以下四个方面展开：第一，基本服务要素(basic components of the system)，即上表中服务构件类下的几大服务要素分类；第二，服务要素之间的静态结构关系(static structural relationships between components)，也即服务要素之间如何组合在一起的，如图 5-2 所示便是一种组合关系的展示；第三，服务要素之间的动态交互关系(dynamic interaction relationships between components)，即如上表中交互关系行所示，它主要用于解释信息和指令如何在要素之间传递；第四，每个服务要素内部的细化行为(detailed behaviors of each component)。

表 5-1　　　　　　　　　　　　三个典型的服务系统（王忠杰，2009）

| 服务系统 | | 大学教育服务系统 | 呼叫中心 | Web 2.0 中的 Mashup |
|---|---|---|---|---|
| 服务构件 | 顾客 | 学生 | 顾客 | 企业或个人用户 |
| | 提供者 | 教师、教学管理人员 | 接线员、派工人员、具体服务者 | 公共服务提供商（例如 google,flickr,amazon 等） |
| | 资源 | 教材、实验器材、计算机、校园网 | 坐席、多路程控电话机 | Web Service API |
| | 共享信信 | 专业知识、课程信息、考试成绩 | 知识库、任务派工单 | 公共信息（例如新闻、图片、视频、地图、blog 等） |
| | 技术 | 多媒体教学、远程教学、实践教学 | 智能查询、知能匹配 | RSS、ATOM，REST，AJAX，Tag,JSON |
| | 环境 | 教室、办公室、实验室等 | 呼叫中心 | Internet |

续表

| 服务系统 | 大学教育服务系统 | 呼叫中心 | Web 2.0 中的 Mashup |
|---|---|---|---|
| 交互关系<br>（若干例子） | ①教学管理人员管理教师、学生、课程、教室、实验室等；<br>②教师在教室和实验室内向学生提供课程，学生从课程中学到知识；<br>③教师通过考试来考核学生 | ①顾客打电话到呼叫中心，接线员响应请求，通过查询知识库来解决顾客的问题；<br>②如果某些请求无法被解决，派工人员找到合适的服务者，并将该请求下达给他；<br>③接受任务的服务者通过与顾客交互来解决问题 | ①最终用户请求服务；<br>②服务与服务之间通过软件接口调用进行集成 |

### 5.1.3 服务要素的分类

服务要素的分类在前一章中已经有初步的介绍，下面再让我们简单回顾一下，一般将服务要素分为以下五类：

（1）服务环境（Service Environment），即整个服务系统所处的环境，它可能是物理世界的环境，譬如餐饮服务的地理位置、周遭环境，它也可能是非物理的环境，譬如企业所处国家的法律、文化、政治制度等。在上述教育服务系统中，服务环节可以泛指整个学校，也可以是校园中某一个环节，譬如说食堂、教室等。

（2）服务人件（Liveware），它指的是参与服务系统中的人，其中主要包括企业相关人力资源及能力、上下游关系人及组织、在系统中角色定位以及顾客。在教育服务系统中，服务人件主要包括参与教学的老师，也包括学校这个组织，认为这是这个服务系统中内部人件，而相关联的企业和政府机构等视为外部人件。

（3）服务硬件（Hardware），它指的是服务系统运作所依托的硬件设置，它可能是传统服务业中的某种工具，譬如厨师的烹饪工具，又或者是现代信息服务业中一台服务器。在教育服务体系中，服务硬件主要包括譬如教学所使用电脑、校园网站的服务器等。

（4）服务软件（Software），这里软件包括传统服务业中服务理念或者企业的文化，更多地是指服务系统中所使用的软件程序，譬如日常使用的操作系统等。服务软件在教育服务系统中，可以分为教学理念、建校理念等抽象的文化和计算机软件概念内容。

（5）交互行为，即人、硬件、软件间交互的过程、活动、行为等，这个过程中可能涉及顾客与软硬件、顾客与顾客、顾客与服务商、服务商与相关关系人、服务商与软硬件等之间行为。服务在教育服务系统中，交互行为主要包括学校与学生间的协议以及活动、学校和相关企业、政府机构间活动，以及跟学校内部系统间的活动关系等。

除了以上分类方法外，还有另外一种分类方法。引入信息的概念的分类，主要可分为人（people）、技术（technology）、共享信息（shared information），另外还可以进一步细分：①人员，与之相关的要素包括组织，服务能力等；②资源，资源又可分为软件资源、硬件资源（设备）、环境；③信息，它是各要素之间传递的关键；④行为，即基于人员、资源、信息等要素的交互要素。

### 5.1.4 服务要素的 IT 化和虚拟化

根据前面对服务要素的分类，可以知道服务要素还可以分为可 IT 化和不可 IT 化两大类。所谓可 IT 化的服务要素，就是那些可以描述和实现为软件的服务要素，并可以向外通过 Web 提供相应的服务行为，譬如说数据库、SCA 构件、具有 WSDL 接口描述的 Web service；所谓非 IT 化的要素，即不能或难以实现为软件化的服务要素，譬如说咨询顾问（人员）、计算机服务器（硬件）、呼叫中心（环境）、面对面的培训（行为）等。针对前者，可以直接将其映射为相应的软件规范，而针对后者，无法直接映射。服务系统本身是以软件为基础的，为了能够更加更分的利用软件来实现服务系统，那么就应该按照软件中的一些规格来描述服务要素，将服务要素软件化、虚拟化。

所谓服务要素的虚拟化，也即是按照特定原则将非软件化的要素以某种软件化的形式体现出来并向外发布，并设计若干通用的访问接口，最终使这些要素可被自动化、智能化的描述、检索、组合、复用的过程。虚拟化后，再将其采用 Web 服务的形式向外发布。通过此类虚拟化的方式，可保证 IT 服务系统与业务服务完全保持一致，以在二者之间建立良好的追溯关系。

一般来说，需要虚拟化的非软件服务要素主要有人力资源及其能力、环境、硬件支撑设施、软件支撑设备、人工完成的服务行为与交互过程。另外，值得注意的两点：其一，即使将其虚拟为 Web 服务，也不表明这些要素就都可以直接在网络上完成，它们其中很多仍然需要在现实里进行面对面的现场服务；其二，对于难以软件化的服务要素如果按照某种规则软件化之后，考虑到这部分服务要素的多变性如何管理。人和行为、环境和硬件这两大部分的多变性是不同的，应该更加细化的区分处理。

这里以服务人员要素虚拟为例，针对特定的"服务人员"，可封装为一个称为"人员信息发布"的 Web 服务，其中设置以下接口：查询人员基本信息、查询人员可用时段、查询人员能力信息、预约服务行为、取消预约等。

### 5.1.5 服务构件

实际上，在服务系统内部包含的服务要素种类繁多。对服务提供者来说，这些服务要素都是可以被重复使用以构造面向不同需求方的服务系统。但这种复用的前提是，必须对服务要素做出全面的描述，以便于进行选取与组合。为此，提出"服务构件"(service component)的概念，将服务要素统一封装为服务构件。

"构件"的概念源于软件系统，指的是软件构件(Software Component)。在服务系统里，"构件"主要强调三点：①服务构件(Service Component)；②可被重复使用的、用来构造服务系统的基本单元；③具有一系列特定的接口和描述。

服务构件的分类与服务要素相似，但也有不同，服务构件主要分为六点：①人件(people-ware)；②软件(software)；③硬件与设备(hardware)；④环境(environment-ware)；⑤行为构件(behavior-ware)；⑥信息构件(information-ware)。在后面章节中，将具体介绍基于 SOA 和服务构件组合的服务系统。

## 5.2　服务资产

### 5.2.1　服务资产的内涵

所谓资产，即是指那些由企业过去的交易或者事项形成的、由企业拥有或者控制的、预期会给企业带来经济利益的资源。而服务系统也是一种由企业所拥有控制的，并预期能够给企业带来经济利益的资源。另外，涵括在服务系统之中的服务要素如果经过加工之后也可以成为一种资产。作为为企业 IT 环境提供高端服务的 IT 服务商，IBM 就一直十分重视技术与管理型知识体系的创造、积累、共享与再利用的"资产化"。其指出 IT 服务的成功更多地是依赖于无形的知识资源与经验，而非物质资源；如果不能将这种无形的知识与经验化为整个企业可以触摸、分享、传承甚至重复使用的有形"资产"，IT 服务就必然将过分依赖于本身具有高度流动性的人力资源，同时难以保障服务实施的规范性、稳定性与可控性。（刘永利）

服务系统中包含很多不同种类的服务要素。一个企业拥有的服务要素是一定的，但是客户的需求是多样的，如何灵活地把这些要素组合起来以满足不同的客户需求呢？提到灵活的组合服务要素，那这些服务要素就必须是能够被精确地描述的。

在企业拥有的服务要素都被软件化之后，它们就是可分享和可重复使用的资源了，会给企业带来经济效益，从某种程度上这些服务要素就成为了服务资产。

### 5.2.2　服务资产库管理

既然视服务系统及其组成部分为一种企业的无形资产，作为一种资产，又该如何去进行管理呢？另外，资产需要管理，即需要采用适当形式描述资产，利用存储库来保存资产，资产的提交、审批、发布等生命周期管理，以及提供搜索和消费资产功能等，那么服务资产管理又需要实现哪些功能呢？

对于这些问题，以满足企业服务系统构建需求为目标的软件供应商最有发言权。在现代社会中，各个企业和公司的业务都日益复杂，软件供应商需要根据不同企业具体情况才能满足这些复杂的业务需求，但这又需要考虑到时间和成本的问题，因此要想在众多的软件提供商中脱颖而出，就必须能够快速开发出满足企业需求的优质系统。为了提高软件开发效率，一种可复用资产库的概念应运而生。

所谓可复用资产库，即基于复用资产进行开发，以最大化利用原有资产库，加速软件开发，降低成本。资产是相关制品的集合，为特定问题提供解决方案，它可以通过变化点进行定制，以达到复用的目的。

### 5.2.3　基于 RAM 的服务资产库管理

IBM 作为全球服务解决方案的领头企业，针对服务资产管理也提出了相应的解决方案，即 RAM——Rational Asset Manager，其提供了强大的资产管理能力，可以实现资产的创建、提交、审核、检索等管理操作，便于资产的分发和复用等。

实际上，RAM 是一个可定制的、基于角色的、用于存储已发布资产的库，这是一项富有重用潜力的完整解决方案。该库可以与各种硬件和操作系统平台协作，并提供两种类型的接口：Web 和 Eclipse 客户。这些接口包括了检索、组织和下载资产的工具。此外，也可以与其他用户交流，提供控制并获得统计。其目标是在当前产品模型下完整地组织工作。它提供了附加的元数据，将资产中文件的上下文和开发历史通知给用户。这样，用户可以基于元数据作出长远的决定，在其他上下文中重用资产，同时减少冗余工作。在资产得以开发、复审和批准之后，接下来就可以下载并将其部署在系统或中间件基础设施。

　　RAM 对服务资产的管理包括其生命周期管理，在早期版本中称为评审过程。通过定义生命周期，管理资产的各种状态以及状态之间的迁移动作，这些动作一般是由参与者对资产进行审核之后做出的。在这里，生命周期看上去就像一个状态机，但它比状态机更复杂，除了状态和变迁之外，还可以定义策略、条件以及参与者。RAM 内置了 Simple、Standard、Business Solution 等多个生命周期模板，在社区中可以使用这些模板创建特定的生命周期实例，当提交资产时，就会按照符合条件的生命周期实例进行管理了。下面列出 RAM 中的两个生命周期模板以供参考。图 5-4 即是 RAM 的 Simple 模板，RAM 的简单模板，包含两个状态 "已提交" 和 "已批准"，它们之间可以通过 "发布"、"恢复" 完成状态变迁。图 5-5 即为 RAM 的 Standard 模板。（闫哲，漆驰，付夷山，2010）

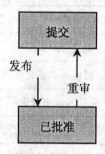

图 5-4　RAM 的 Simple 模板

　　简单模板的一般过程是：一种资产被提交之后，如果在没有其他约束条件的情况下，经过发布这个动作之后它的状态就变为被批准了，如果没有被批准则返回上一个提交的状态。图 5-5 是 RAM 的标准模板，包含 "草稿"、"评审"、"目前状态"、"已批准" 四个状态，它们之间可以通过 "审核"、"提交"、"批准"、"恢复" 等完成状态变迁。

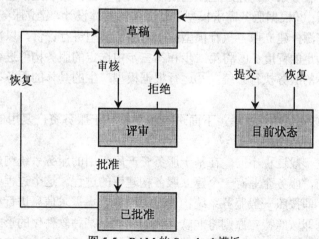

图 5-5　RAM 的 Standard 模板

标准模板的过程为：一种资产首先处于草稿的状态，之后是审核的动作，审核通过之后就进入审核的状态，否则则返回到草稿的状态，之后经过批准的动作，如果成功则进入被批准状态，否则回到草稿状态。草稿状态经过提交的动作之后变为目前状态，否则回到草稿状态。

RAM 对资产的管理其实主要说的是对其生命周期管理，包括资产的状态，经过一些动作之后状态的变化。在上面两种生命周期模板中，可以通过在状态上定义策略（例如规定资产应该是哪一种类型的）来为资产订立规范，其实动作可以看成是一种条件，如果策略满足则执行动作，否则返回之前的状态。

在看相关材料的过程中，应该注意区分两个概念：策略和资产类型。策略在范围上包含了资产类型，它还包含一些其他分类。策略从各方面来说限制更少，更加灵活。但是资产类型规定的非常严格，可以从表 5-2 引用 IBM 的一张对比表中看出来。

表 5-2　　IBM Rational Asset Manager 中可复用资产的生命周期及策略管理

| | 策略 | 资产类型约束 |
| --- | --- | --- |
| 前提条件 | 无需定义资产类型 | 需要定义资产类型 |
| 作用结果：提交资产 | 当不满足时也可以提交资产 | 当不满足时无法提交资产 |
| 作用结果：提示 | 当不满足时给出警告 | 当不满足时无法提交资产 |
| 作用域 | 资产类型或者基于术语的分类 | 资产类型 |
| 作用时机 | 灵活应用于生命周期的各种状态 | 从提交资产开始 |

## 5.2.4　基于服务资产复用的服务系统构建方法

在前面的章节中，已经学习服务系统构建的一般过程，这里简单回顾一下。服务系统构建，需要完全覆盖服务的生命周期，即需求获取、服务设计、服务实现和服务评估。综合起来，如图 5-6 所示，服务系统构建过程应包括以下六个步骤：①收集信息确定顾客服务需求并建立服务需求模型；②根据服务需求模型进行服务的具体设计，建立服务行为与能力模型；③选择具体的服务资源，建立服务执行模型；④对服务模型进行评价，以决定这些模型是否可满足客户需求和满足的程度；⑤将第二步和第三步中选定的服务构件进行组合，并将服务执行模型转化为具体的服务执行系统；⑥运行根据模型产生的具体的服务指南和服务执行系统，即现场服务。

在回顾服务系统构建过程之后，下面进一步了解基于服务资产复用的服务系统构建过程，如图 5-7 所示。

与服务系统构建一般过程不同，在基于服务资产库复用的服务系统构建过程中，在构建新的服务需求模型前，服务企业有一个建立服务构建库的过程。这个过程中主要有以下几个步骤：①服务设计，即按照一般服务系统构建过程服务收集需求信息进行相关的服务设计；②服务构件虚拟化，即按照特定原则将非软件化的要素以某种软件化的形式体现出来；③发布服务构件，即将虚拟化后服务构件向外发布，并设计若干通用的访问接口，最终使这些要素可被自动化、智能化的描述、检索、组合、复用，构成服务构建库。

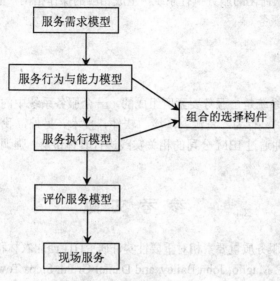

图 5-6　服务系统构建过程

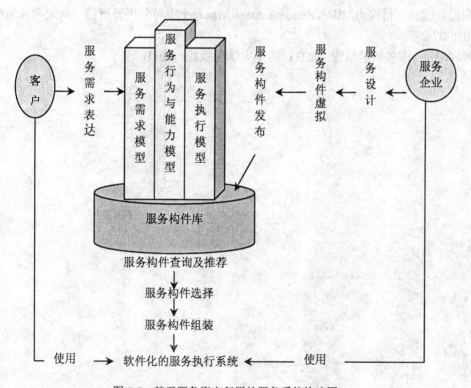

图 5-7　基于服务资产复用的服务系统构建图

　　完成服务构件库后，开始根据客户所表达的新的服务需求，构建相应的服务需求模型；其次，根据服务需求模型设计出服务中的业务功能，即构建相应服务行为与能力模型；再次，选择具体的服务资源，建立服务执行模型；复次，基于服务构件库，将服务执行模型转化为软件化的服务执行系统，这个过程中主要包括服务构件查询及推荐、服务构件选择、服务构件组装。最后，通过软件化的服务执行系统，生成相应的操作指南，使服务企业可以跨平台、分布式地向客户提供服务。

## 5.3　本章小结

本章介绍了服务系统是由服务要素所组成的，一个服务系统中的服务要素主要包括人或组织(需求者、提供者)、行为、资源、环境、软件、技术。另外，我们又进一步学习了解服务资产的相关知识，并通过 IBM 公司的相关实践进行具体讲解，强调了服务资产复用这样一个概念。

## 参 考 文 献

[1] 张圣亮、张正明. 服务质量要素相对重要性实证研究[J]. 西北农林科技大学学报，2008(09).

[2] Jim Spohrer, Paul P. Maglio, John Bailey, and Daniel Gruhl. Steps Toward a Science of Service Systems. IBM Almaden Research Center.

[3] 闫哲，漆驰，付夷山. IBM Rational Asset Manager 中可复用资产的生命周期及策略管理. 2010-07-29.

[4] 张润彤等. 服务科学概论. 北京：清华大学出版社，2011.

# 第 6 章　基于 SOA 的服务系统开发方法

在前面的章节中，介绍了服务要素及其虚拟化、服务资产及其复用等相关知识，在本章中，将进一步学习基于上述知识内容并实际应用于服务系统开发的方法——SOA 面向服务的架构，以及其主要实现方式——Web 服务。内容安排如图 6-1 所示。

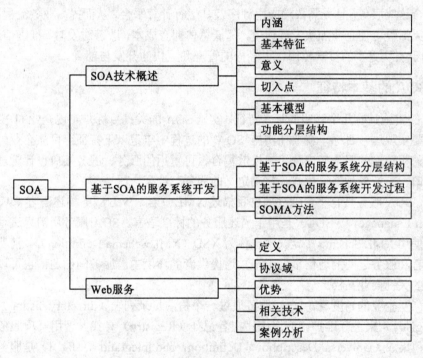

图 6-1　内容导图

## 6.1　SOA 技术概述

### 6.1.1　SOA 的内涵

SOA 的全称为 Service-Oriented Architecture，即面向服务的体系结构。对于其定义主要有以下三种：

SOA 是一个组件模型，它将应用程序的不同功能单元（称为服务）通过这些服务之间定义良好的接口和契约联系起来。接口是采用中立的方式进行定义的，它应该独立于实现服务的硬件平台、操作系统和编程语言。这使得构建在各种这样的系统中的服务可以一种统一和通用的方式进行交互。

IBM 公司认为，SOA 即为一种 IT 体系结构风格，其支持企业业务转换为一组相互链接的服务或可重复业务任务，可在需要时通过网络访问这些服务和任务。这个网络可以是本地网络、Internet，也可以分散于各地且采用不同的技术，通过对来自譬如纽约、伦敦和中国香港等不同地区的服务进行组合，可让最终用户感觉似乎这些服务就安装在本地桌面上一样。SOA 可以对这些服务进行结合，以完成特定的业务任务，从而让用户的业务快速适应不断变化的客观条件和需求。SOA 最大优点体现在，其一，IT 与业务的一致性；其二，IT 资产的最大化重用。这些有助于确保在耗资巨大的 IT 项目中的投资能够给业务带来长远的价值。（IBM developer Work,SOA and Web Services）

从服务科学的角度，认为面向服务的架构（SOA）即为一种应用框架，它着眼于日常的业务应用，并将它们划分为单独的业务功能和流程，即所谓的服务。SOA 使用户可以构建、部署和整合这些服务，且无需依赖应用程序及其运行计算平台，从而提高业务流程的灵活性。这种业务灵活性可使企业加快发展速度，降低总体拥有成本，改善对及时、准确信息的访问。SOA 有助于实现更多的资产重用、更轻松的管理和更快的开发与部署。

### 6.1.2 SOA 的基本特征

SOA 的实施具有几个鲜明的基本特征。实施 SOA 的关键目标是实现企业 IT 资产的最大化重用。要实现这一目标，就要在实施 SOA 的过程中牢记以下特征：可从企业外部访问、随时可用、粗粒度的服务接口分级、松散耦合、可重用的服务、服务接口设计管理、标准化的服务接口、支持各种消息模式、精确定义的服务契约。

另外，SOA 服务具有平台独立的自我描述 XML 文档。Web 服务描述语言（Web Services Description Language，WSDL）是用于描述服务的标准语言。SOA 服务用消息进行通信，该消息通常使用 XML Schema 来定义（也称为 XSD（XML Schema Definition））。消费者和提供者或消费者和服务之间的通信多见于不知道提供者的环境中。服务间的通信也可以看做企业内部处理的关键商业文档。

最后，从企业的角度看，SOA 服务通过一个扮演目录列表（directory listing）角色的登记处（Registry）来进行维护。应用程序在登记处（Registry）寻找并调用某项服务。统一描述、定义和集成（Universal Description，Definition，and Integration，UDDI）是服务登记的标准。每项 SOA 服务都有一个与之相关的服务品质（Quality Of Service，QOS）。QOS 的一些关键元素有安全需求（例如认证和授权），可靠通信，以及谁能调用服务的策略。

### 6.1.3 SOA 的意义

SOA 的提出主要源于以下三个原因：其一，互联网对企业服务的影响。随着互联网的普及，企业间基于互联网的互动越来越普遍，这种关系不仅仅存在供应商与制造商，同时也存在于制造商、物流、客户等多方的情况，因此在互联网使企业服务变得日益复杂和频繁的条件下，其面临着更多的互操作的需求，所谓互操作即为能够在异构的、分布式的系统之间交换和使用信息的能力；其二，异构系统的大量存在，不同企业甚至同一企业的不同部门、地区分公司都可能使用不同的软件系统，其中可能涉及是技术平台的不同或者软件体系结构的不同，又或者是数据格式的不同等多种情况，而集成这些分布式的软件系统，在他们间传输数据和消息不是一件容易的事情；其三，市场的不定性决定了企业自身业务的多变，其合作的相关公司也并不是固定不变的，这也要求企业的 IT 应用能够快速支持这种变化。

实际上，不同种类的操作系统、应用软件、系统软件和应用基础结构相互交织是 IT 企业的一个普遍现状，而现存的应用程序需要被用来处理当前的业务流程，因此从头建立一个新的基础环境是不可能的。但企业又需要对业务的变化做出快速的反应，也就需要利用对现有的应用程序和应用基础结构的投资来解决新的业务需求，为客户，商业伙伴以及供应商提供新的互动渠道，并呈现一个可以支持有机业务的构架。SOA 在这样的需求下应运而生，其松散耦合的特性使得企业可以按照模块化的方式来添加新服务或更新现有服务，以解决新的业务需要，提供选择从而可以通过不同的渠道提供服务，并可以把企业现有的或已有的应用作为服务，从而保护了现有的 IT 基础建设投资。

另外，SOA 的出现给传统的信息化产业带来新的概念：基于信息化的服务系统不再是各自独立的架构形式，能够轻松地互相联系组合共享信息；服务系统的构建可复用以往的信息化软件，基于 SOA 的协同软件提供了应用集成功能，能够将 ERP、CRM、HR 等异构系统的数据集成松散耦合方式，只要充分了解业务的进程，就可以不用编写一行代码，通过流程图实现一套自己的信息系统，就像已经给你准备好了砖瓦和水泥，只需要想好盖什么样的房子就可以轻松的盖起，加快开发速度，并且减少了开发和维护的费用，软件将所有的管理提炼成表单和流程，以记录管理的内容，指定过程的流转方向；更简便的信息和数据集成，信息集成功能可以将散落在广域网和局域网上的文档、目录、网页轻松集成，加强了信息的协同相关性，同时，复杂、成本高昂的数据集成，也变成了可以简单且低成本实现的参数设定，创建了完全集成的信息化应用新领域。

在具体的功能实现上，SOA 协同软件所实现的功能包括了知识管理、流程管理、人事管理、客户管理、项目管理、应用集成等，从部门角度看涉及了行政、后勤、营销、物流、生产等。从应用思想上看，SOA 协同软件中的信息管理功能，全面兼顾了贯穿整个企业组织的信息化软硬件投入。尽管各种 IT 技术可以用于不同的用途，但是信息管理并没有任意地将信息分为结构化或者非结构化的部分，因此 ERP 等结构化管理系统并不是信息化建设的全部；同时，信息管理也没有将信息化解决方案划分为部门的视图，因此仅仅以部分为界限去构建软件应用功能的思想未必是不可撼动的。基于 SOA 的协同软件与 ERP、CRM 等传统应用软件相比，关键的不同在于它可以在合适的时间、合适的地点为有正当理由而需要它提供服务的任何用户提供服务。

## 6.1.4　SOA 切入点

那么，作为服务系统开发者，企业该从何入手应用 SOA 构建服务系统，其又会如何影响企业相关业务呢？IBM 基于实际的客户经验，确定了以下五个切入点：

（1）人员：SOA 的这个切入点关注用户体验，以帮助生成调用和实现更好的协作，从而获得一致的人员与流程交互，提高业务效率。例如，通过使用 SOA，可以创建基于服务的 Portlet 来提高此协作。

（2）流程：流程切入点可帮助企业了解其业务中发生的情况，从而支持其对现有业务模型进行改进。通过使用 SOA，可以将业务流程转换为可重用且具有灵活性的服务，从而改进和优化这些新流程。

（3）信息：通过使用 SOA 的这个切入点，能以一致而可见的方式利用公司中的信息。通过在所有业务领域提供这个一致而受信任的信息，可促进企业各个领域的创新工作，从而更为有效地进行竞争。通过使用 SOA，可以更好地控制信息，而且通过信息与业务流程的结合，可以发现很多有意义的新关系。

（4）连接性：利用连接性切入点，可以有效地连接基础设施，从而将企业中的所有人员、流程和信息整合到一起。通过在服务间和整个环境中实现灵活的 SOA 连接，可以获取现有业务流程并在不需要太多工作的情况下通过其他业务通道提供此流程，甚至还能以安全的方式连接防火墙外的外部合作伙伴。

（5）重用：通过 SOA 重用服务，可以充分利用企业中已经存在的服务。通过对现有资源进行构建，可以简化业务流程，在整个企业内确保一致性并缩短开发时间，所有这些将能帮助企业节约大量的时间和资金。另外，还能减少服务中的功能重复，并能获得使用企业中为大家所熟悉的经过验证的核心应用程序的好处。（IBM developerWork, SOA and Web Services，SOA 切入点）

### 6.1.5 SOA 基本模型

SOA 基本模型主要包括以下三个主体：服务请求者、服务注册中心和服务提供者。如图 6-2 所示。

（1）服务请求者。通过服务注册中心间接获得服务描述，或从服务提供者处直接获得服务描述，然后遵从服务描述的接口和地址约定，实现和服务提供者所提供服务的交互。

（2）服务注册中心。集中存储服务信息，以便于服务请求者查找。同时服务提供者可以把所要提供的服务在服务注册中心处进行注册。

（3）服务提供者。即服务的拥有者，它把包含服务接口、服务访问地址的服务描述以及服务的相关元信息（例如服务提供者信息、服务质量特性）发布到服务注册中心，响应服务请求者的命令并为之提供高质量的服务。

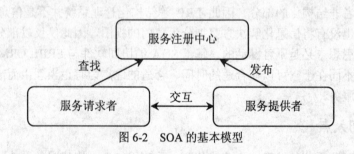

图 6-2　SOA 的基本模型

根据图 6-2 所示，基于 SOA 的服务系统基本过程为：首先，服务请求者使用查找操作来定位服务，查找服务的操作由用户通过用户界面或者通过其他的服务发起；然后，服务提供者将服务的描述信息发布到服务注册中心以便服务请求者发现和调用；最后，绑定和调用在获得服务描述信息之后，将根据描述信息在运行时直接激活服务。

SOA 的基础是服务描述和服务发现。服务描述主要提供服务的接口描述信息和服务部署信息等。服务发现是指服务请求者通过查询注册中心去定位符合其需求标准的服务。关键字匹配技术、空间索引技术等常被应用于服务发现。

## 6.1.6　SOA 的功能分层结构

如图 6-3 所示，在 SOA 系统中，功能分为七层（Ali,2004）。

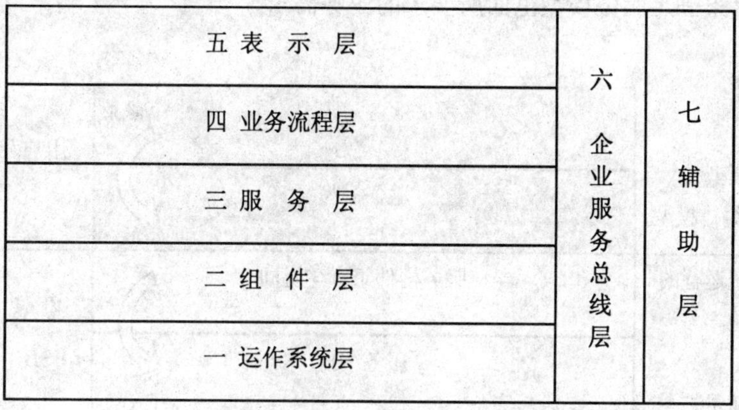

| 五　表　示　层 | 六 | 七 |
|---|---|---|
| 四　业务流程层 | 企 | |
| 三　服　务　层 | 业服务总线层 | 辅助层 |
| 二　组　件　层 | | |
| 一　运作系统层 | | |

图 6-3　SOA 功能分层结构

第一层是运作系统层，即服务终端层，是系统已经存在的程序资源，例如 ERP(Enterprise Resouce Planning)、CRM（Custom Relationship Management）等，包括服务提供者和服务请求者，这一层由不同的操作系统、不同的信息平台组成。

第二层是组件层，用不同组件封装底层系统的功能。即不同的操作系统、信息平台根据最小粒度划分法将商业逻辑过程或项目划分为若干独立的最小功能和逻辑服务组件模块，并实现这些模块。

第三层是服务层，用底层功能组件构建所需要的不同功能的服务。

第四层是业务流程层，利用已经封装好的各种服务构建业务系统中的业务流程。

第五层是表示层，向用户提供用户接口服务，可以用基于 portal 的系统构建，这一层其实不属于 SOA，但是由于 Web Service 相关标准的提出及其不同平台的信息集成需要使得表示层作为一种用户接口。

第六层是集成层，也就是企业服务总线（ESB）层，为服务集成提供基础设施，支持以上五层的运行。

第七层是辅助层，为整个 SOA 系统提供服务质量管理、安全管理、监控等辅助功能，以确保服务质量。第七层功能由业务建模开始，先通过定义业务过程得到服务模型，再通过设计组件群得到组件模型，分离服务模型与服务实现，与平台无关。运作系统层对应资源管理层，组件层、服务层、业务流程层对应应用逻辑层，表示层对应传统意义的表示层。

# 6.2　基于 SOA 的服务系统开发

## 6.2.1　基于 SOA 的服务系统分层结构

根据 SOA 的分层模型可以得到基于 SOA 的服务系统的分层结构，如图 6-4 所示。最顶层是业务环境建模，根据所建立的服务模型选取服务构件，将这些构件进行组合与协调，建立服务业务流程即服务编排；中间层，为以 ESB 服务为基础设施的服务构建组合与协调即其建立的服务业务流程，这些都属于服务系统运行的支持设施，它们主要考量性能、服务质量、协调的效率、协调机理分类等，其最终通过 Web 服务映射为基础服务构件；最末层为基于 Internet 及其上 TCP/IP 协议等的分布式、协同式的 IT 环境层。通过以下层次，最终构件出完整的服务系统，来满足服务模型里面所要求的业务需求。

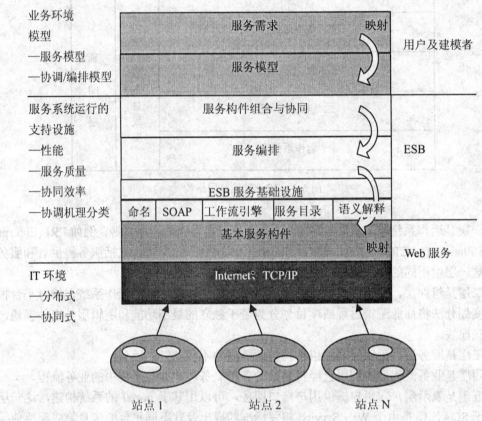

图 6-4　基于 SOA 的服务系统分层结构（王忠杰，2009）

## 6.2.2　基于 SOA 的服务系统开发过程

基于 SOA 的服务系统的开发过程，如图 6-5 所示，首先，在模型环境下，从多层次的业务服务模型出发，根据客户的需求建立服务需求模型、服务行为与能力模型、服务执行模型，然后根据所建立的服务模型到分布式服务构件环境下进行服务构件的动态查询；同时，在 ESB 环境下，根据服务构件需求条件进入服务目录，服务目录调用 Internet 环境下相关站点服务，进行复合构件的动态查询。

最后经过查找后获取合适服务构件，交付到服务构件集合，并对这些构件进行组合与编排，得到服务协同模型，再将这个服务协同模型转化为相应的服务系统。

## 6.2.3　SOMA 方法

在简单了解基于 SOA 服务系统开发的基本过程后，这里先主要重点学习一下基于 SOA

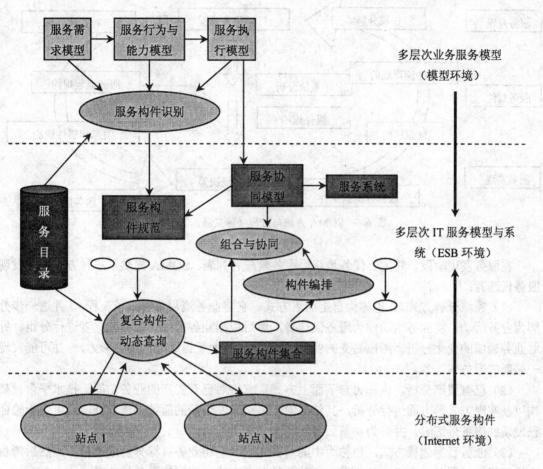

图 6-5　基于 SOA 的服务系统开发过程（王忠杰，2009）

服务系统开发中的服务建模相关方法。实际上，已经在前面学习了服务模型作为业务与 IT 之间的桥梁的重要性。服务模型作为实现 SOA 对业务随需应变灵活性支持的关键因素，从广义上的服务建模来说，指的是整个面向服务的分析和设计（SOAD）过程，而狭义上来说，服务建模被作为面向服务分析过程的子过程。由于引入了服务这一新的概念，SOA 需要新的方法去解决诸如服务的发现、规约和设计等新问题，SOAD 正是解决此类问题的方法论。

　　实际上，解决此类问题有两种典型的面向服务的分析与设计方法论：第一种是由 Erl 等人提出的主流 SOA 方法论，它为面向服务的分析与设计提供了一套通用的方法、过程和实践指导，通常需要根据具体情况进一步定制；第二种是由 IBM 公司开发的面向服务的建模和架构（Service-Oriented Modeling and Architecture，SOMA）方法。这里就来具体介绍一下 SOMA 方法。

　　所谓 SOMA，即通过面向服务的建模、分析和设计技术与活动，构造 SOA 应用。其定义 SOA 各层次中包含的元素，并在每一层次作出关键的体系结构设计决策。SOMA 方法将面向服务的分析和设计分为服务发现、服务规约和服务实现三个前后相继的阶段，如图 6-6 所示。

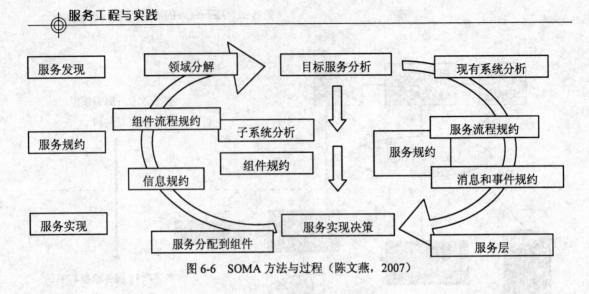

图 6-6　SOMA 方法与过程（陈文燕，2007）

在服务发现阶段，其主要任务是获得服务候选者列表。SOMA 提供了三种方式用于发现服务候选者：

（1）领域分解方式，也称为自上而下方式。它将业务流程分解成子流程，并进一步分解为业务活动，将业务活动作为服务候选者，然后根据业务范围对服务候选者进行分组。针对业务领域的变化分析剥离出易变的业务逻辑，这有助于提高架构的生命力，并可能发现一些新的服务候选者。

（2）已有资产分析，也称为自下而上方式。它将对已有资产的业务功能、技术平台、架构以及实现方式等方面进行分析，其结果除了可用来发现新的服务候选者外，还可用于验证已发现的服务候选者，并可为决策服务实现方式提供依据。

（3）业务目标建模方式，也称为中间对齐方式。它将业务目标分解成子目标，然后考察支持子目标的服务候选者，从而发现由前两种发现方式所遗漏的服务候选者。

在服务规约阶段，其主要任务是采用规范的方式描述服务各方面的属性，包括两个基本的步骤：其一，对服务进行暴露决策，只有符合一定条件的服务候选者才将之暴露为服务，有如下几个常用的暴露规则，即与业务对齐、可组装、可重用；其二，对已暴露的服务进行规约，需要规约的属性除了功能和质量方面外，还涉及业务层面的诸多属性，如业务规则和业务事件等。

最后，服务实现阶段的主要任务是将服务分配到服务组件，并决定服务的实现方式。服务组件体现了一组功能相关的服务，它从业务范围映射而来，从而实现业务与 IT 的一致性。服务的实现方式有两种基本策略：第一，全新构建和包装现有系统，全新构建的方式又包括采用 Java 组件、采用 Web 服务、采用业务规则以及状态机等方法，包装现有系统可使用 Web 服务或 Adapter 等方式。完成服务实现决策后，可进一步完成架构设计，其中包含了服务基础设施的设计。

## 6.3　SOA 中的 Web 服务

在学习 SOA 的过程中，很多人经常将 SOA 和 Web 服务的关系混淆，因此有必要就 Web 服务进行基本的了解和学习。

实际上，本质上来说，SOA 是一种架构模式，而 Web 服务是利用一组标准实现的服务。Web 服务是实现 SOA 的方式之一，用 Web 服务来实现 SOA 的好处是系统开发者可以实现一个中立平台，来获得服务，而且随着越来越多的软件商支持越来越多的 Web 服务规范，开发者会取得更好的通用性。

## 6.3.1 Web 服务定义

Web 服务是一个集自包含、自描述和模块化为一体的应用，在 Internet 环境下发布和定位，通过 Web 调用实现从简单请求到复杂业务处理的功能。Web 服务技术具备完好的封装性、松耦合、独立于实现技术、高度可集成、使用标准协议等特征，它所具有的这些特征使其在实现 SOA 时具有重要地位，在实践过程中往往被优先考虑为实现 SOA 的技术而得到采用。

如图 6-7 所示，在 Web 服务中，通信是基于 Internet 协议互相传递 XML 消息的通信协议规范，描述采用一种基于 XML 的语言描述和定义接口与绑定，发布和发现把 Web 服务提交到注册中心而让用户通过中介发现 Web 服务。

Web 服务采取简单易懂的标准 Web 协议作为组件界面描述和协同描述规范，屏蔽了远程系统的位置、操作系统、软件平台、程序语言的差异，向用户提供统一的行业技术规范标准。Web 服务通过网络发送轻量级格式信息，能够在远程（或本地）服务器上访问对象、查询服务、调用服务、与服务通信并处理服务。服务位置透明，不必与特定的系统和特定的网络相连接。服务协议独立，服务间的通信框架使得服务重用成为可能。（IBM，2008）

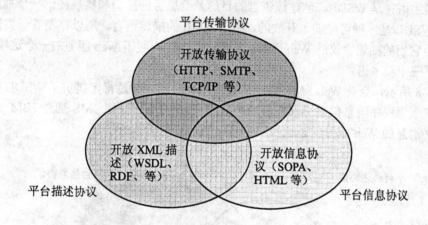

图 6-7  面向程序的应用程序协议

实际上，就 Web 服务术语本身而言，它难以表示符合宽泛的 W3C 定义的应用程序的整个范围，因为许多这样的应用程序可能永远不会涉及 Web 或构建 Web 时所依托的技术。尽管如此，还是必须以某种方式将 Web 服务作为一个术语单位包括在的术语集中，因为它已经与讨论所涉及的技术领域联系在一起了。

为了未来技术合作过程中交流，需要提出新的观点和术语集来区分在使用现有的不同描述协议、消息协议和传输协议的过程中出现的各种 Web 服务子类型。故从图 6-7 入手，该图标识了一系列可能的开放协议，这些开放协议在面向服务的应用程序中可能会用到，也可能用不到。

通过此图，可以定义 Web 服务（Web services）是使用以下三个主要技术类别中的一些特定技术开发的软件组件：①基于 XML 的描述格式（例如，WSDL）；②应用程序消息传递协议（例如，SOAP）；③一组传输协议（例如，HTTP）。而所谓面向服务的应用程序（Service-oriented application），即包括可能利用 Web 服务技术（如 SOAP）但可能不包括 WSDL 或其他基于 XML 的描述的应用程序。这样的应用程序被看做是类似于 Web 服务的，但从技术上讲它们不是 Web 服务。

基于图 6-1 对 Web 服务概念的界定，可以说，使用某种基于 XML 的描述机制描述的软件的任何部分都可以成为 Web 服务。即便这样的应用程序使用了任何其他 Web 服务技术也没有关系。使用与编程语言相关的消息传递协议（例如 JMS）和专有传输协议（例如，MQSeries）的应用程序，只需提供该应用程序接口的 WSDL 描述，就完全可以成为一个完全符合定义的 Web 服务。反之，通过 HTTP 发送 SOAP 消息但不提供 WSDL 描述的应用程序则不能成为 Web 服务，尽管它将被看做类似于 Web 服务的并且被视为面向服务的应用程序。

### 6.3.2　Web 服务协议域

在给出了对 Web 服务的明确定义之后，需要将重点放在开放的基于 XML 的描述的圈上。此外，让将重点还放在 Web 服务技术原先就瞄准的关键点——集成和互操作性。这两点与企业内部和外部的应用程序开发都有关系。无论是需要与后台办公系统（back office）中的传统 COBOL 应用程序集成，还是需要与因特网上某个外部服务器中的分布式应用程序集成，都需要在应用程序中构建一些抽象点，以确保集成和互操作性的简单易行。这个领域中的一种事实标准描述语言是 WSDL，创建该语言的目的是给服务的接口和实现提供一个抽象层。

因为 WSDL 是一种可能的、开放的、基于 XML 的描述语言，所以存在着一类选择使用 WSDL 作为它们的描述协议的 Web 服务。在图 6-8 中，说明了 Web 服务的一个这样的子集，并且得出了三个新术语。

如图 6-8 所示，企业 Web 服务（Enterprise Web services）是肯定提供了 WSDL 描述但可能使用专有应用程序消息传递协议或传输协议的 Web 服务。使用 JMS 通过 IBM MQSeries 发送 SOAP 消息的 Web 服务就是这种服务的一个示例。

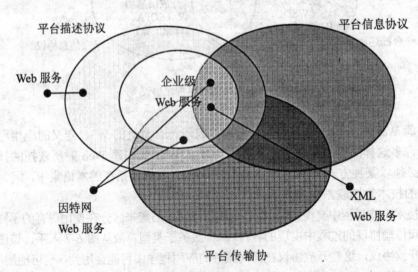

图 6-8　Web 服务协议域

因特网 Web 服务（Internet Web Services）是必须仅使用开放的应用程序消息传递协议或传输协议的企业 Web 服务。通过 HTTP 发送 OTA XML 消息的企业 Web 服务就是这种服务的一个示例。

XML Web 服务（XML Web Services）表示因特网 Web 服务的一个很小的子集，这类服务必须使用已经被 W3C 采用的、通过为数不多的几种传输协议进行传递的、基于 XML 的消息传递协议。具体来说，XML Web 服务将只发送 SOAP 消息，并且只能通过 HTTP、SMTP 或原始 TCP/IP 连接来发送这些 SOAP 消息。

这些新定义记录了过去几年间业界中许多人所传播的概念，同时提供了对组件子集进行归类的语义框架，这些组件子集是原来的（含义过多的）术语 Web 服务试图记录但却没能表述准确的。例如，Microsoft 的.Net 策略将重点放在 XML Web 服务上，而 CommerceQuest 的 CICS Process Integrator（CPI）则将重点放在企业 Web 服务上。就 Web 服务技术而言，这个新的术语集为理解这两家公司的意图提供了一个框架。

### 6.3.3　Web 服务的优势

Web Services 是近年来提出的一种新的面向服务的体系结构。同传统的分布式模型相比，Web Services 体系的主要优势在于：

（1）高度的通用性和易用性：Web Services 利用标准的 Internet 协议(如 HTTP，SMTP 等)，解决了面向 Web 的分布式计算模式，提高了系统的开放性、通用性和可扩展性；而 CORBA、DCOM、RMI 使用私有的协议，只能解决企业内部的对等实体间的分布式计算。此外 FHTIT 协议能够很容易地跨越系统的防火墙，具有高度的易用性。

（2）完全的平台、语言独立性：Web Services 进行了更高程度的抽象，只要遵守 Web Services 的接口即可进行服务的请求与调用。Web Services 将 XML 作为信息交换格式，使信息的处理更加简单，厂商之间的信息很容易实现沟通，这种信息格式最适合跨平台应用。此外，Web Services 基于 SOAP 协议进行远程对象访问，开发实现可以通过各种开发工具，而不需要绑定到特定的开发工具之上，这很容易适应不同客户、不同系统平台以及不同的开发平台。而 CORBA，DCOM，RMI 等模型要求在对等体系结构间才能进行通信。

（3）高度的集成性：Web Services 实质就是通过服务的组合来完成业务逻辑的，因此，表现出了高度的组装性和集成性。可以说集成性是 Web Services 的一个重要特征。Web 服务体系结构是建立在服务提供者和使用者之间的松散耦合之上的，这样使得企业应用易于更改。相对于原来的集成方式，Web Services 集成体现了高度的灵活性。Web Services 还可以提供动态的服务接口来实现动态的集成，这也是传统的 EAI 解决方案所不能提供的。

（4）容易发布和部署：Web Services 体系结构方案通过 UDDI，WSDL，SOAP 等技术协议，能够很容易实现系统的部署。

（5）业界的支持：与 Java 或 CORBA 不同，Web Services 得到了 Microsoft 强有力的支持。SOAP 是由一批行业领先者开发的，许多公司都把 Web Services 看成通过一种非常简单的机制将不同的系统连接到 Internet 的机会。（陈文燕，2007）

### 6.3.4　实现 Web 服务的相关技术

Web 服务涉及很多复杂技术，其架构包含了 SOAP、WSDL、UDDI 等支持服务请求者和服务提供者进行交互，以及用于 Web 服务发现的规范。服务提供者通常用 WSDL 描述它所提供的 Web 服务，然后将该 WSDL 描述发布；服务请求者可以通过 UDDI 或服务注册中心来获取 WSDL 描述，并通过向服务提供者发送一个 SOAP 消息来请求执行服务。实现 Web 服务的核心技术主要有：

（1）SOAP：最初是简单对象访问协议（Simple Object Access Protocol），SOAP 定义一个 XML 文档格式，该格式描述如何调用一段远程代码的方法。我的应用程序创建一个描述我希望调用的方法的 XML 文档，并传递给它所有必需的参数，然后应用程序通过网络将该 XML 文档发送给那段代码。代码接收 XML 文档、解释它、调用我请求的方法，然后发回一个描述结果的 XML 文档。

（2）WSDL：Web 服务描述语言（Web Services Description Language）是一个描述 Web 服务的 XML 词汇表。编写一段接收 WSDL 文档然后调用其以前从未用过的 Web 服务的代码，这是可能的。WSDL 文件中的信息定义 Web 服务的名称、它的方法的名称、这些方法的参数和其他详细信息。

（3）UDDI：统一描述、发现和集成（Universal Description, Discovery, and Integration）协议向 Web 服务注册中心定义 SOAP 接口。如果有一段代码希望作为 Web 服务部署，UDDI 规范定义如何将企业的服务描述添加至注册中心。如果企业在寻找一段提供某种功能的代码，UDDI 规范定义如何查询注册中心以找到企业想要的信息。

在 Web 服务服务中，基于标准访问的独立功能实体能够满足松耦合要求，大数据量低频率访问能满足服务粗粒度功能，基于标准的文本消息传递能够为异构系统提供通信机制，这些特征十分适合实现面向服务的架构。

## 6.3.5  Web 服务案例分析

为了更好地理解 Web 服务，在这里简要引用 IBM 公司 IT 设计师 Holt Adams 等耗时一年多对 Web 服务在不同领域企业表现等情况的研究。在本案例的作者概述了包括现实世界中的五个客户真实情景，这些情景展现了通过使用 Web 服务技术来处理的业务和技术需求。业务和 IT 驱动程序映射到特定的电子商务模式来帮助确定在这五个客户约定中构建的解决方案的基本组件。业务情景总结如表 6-1 所示。（Holt Adams, Dan Gisolfi, James Snell, Raghu Varadan,2004）。

表 6-1                                            业务情景的总结

| 情景 | 业务类型 | 主要的业务需求 | 得到的好处 |
|---|---|---|---|
| Hopewell 国际贸易公司 | 大宗金融服务公司 | 集成 Microsoft 技术与 J2EE 技术以使需求实时访问金融数据的业务流程自动化 | 使得可以独立于平台或程序设计语言实时访问金融数据。从多渠道利用现有资源。使人工流程自动化 |
| 协作型企业软件 | ERP 和 CRM 应用程序独立软件供应商 | 集成支持客户-业务流程的第三方软件。减少集成工作的复杂性和成本。提高竞争能力 | 集成不同平台上完全不同的应用程序。实现灵活的体系结构，使之能够适应业务需求的变化。通过集成第三方软件扩大客户群 |

续表

| 情景 | 业务类型 | 主要的业务需求 | 得到的好处 |
|---|---|---|---|
| Galaxy Card | 全球支付公司 | 提供通用工具来管理商家收购,这些工具为利益相关人实时传送和接收信息提供安全服务。消除对计划停止使用的现有资产的依赖 | 减少了运行成本。提高了收购新的商家的效率。使人工流程自动化 |
| PeoplesFuture 公司 | 保险和金融服务公司 | 提高与合作伙伴的运行效率来加强业务关系。减少集成成本。提高现有资产的利用率来提供新的金融产品以带来附加收入 | 使合作伙伴能够最优化数据检索来支持最终用户的任务。简化了集成工作。以新的方式重用现有资产 |
| Country-Wide Chartered Bank | 提供小额和大宗银行业务服务的全球性银行 | 提高发展和运行效率。为利用现有的安全性服务的信息交付和应用程序部署提供基础架构 | 减少了维护和扩展软件基础架构的成本。以新的方式重用现有资产 |

　　在这五个客户约定中,客户和 IBM 服务组织都获得了有价值的经验并且了解了使用 Web 服务的开发和部署业务集成解决方案的实际情况。这里主要从业务和开发部署角度来总结相关经验教训。

　　从业务的角度,部署 Web 服务应强调从小规模开始,快速扩大;部署 Web 服务的优先次序在合作伙伴之间和特定企业的组织内部有很大的不同;客户或合作伙伴能够通过 Web 服务接口来开发他们自己的自服务解决方案,这可能会引起业务的渠道冲突(例如从现有的渠道中取走收入);将现有的客户基础迁移到新的技术模型,同时又不冻结当前产品的现行的销售,是一个挑战。

　　从开发和部署的角度,每一个集成点都是一个进行抽象的机会,这使得组件之间的连接更灵活、更节省;尽可能快地使用安全性、基础架构和运行组织;利用现有的基础架构应用程序和服务需要详细的分析;规范本身并不能保证互操作性;MS 和 J2EE 之间的互操作性还处在逐步成熟阶段,但是 WS-I 对于减少互操作性问题已经产生了重要的影响;行业工具对于有效地重用现有的应用程序功能是至关重要的;现有的标准提供了支持必需的异步操作类型的机制,但是异步操作还不是当今标准的主要部分(除了 BPEL 以外);并不是所有成功支持基于浏览器与 HTTP 交互的标准都适用于 B2B,在 B2B 中,传输独立是必要条件(例如,用于 B2C 的 SAML 概要);在不同的程序设计模型之间采用 SOAP 编码的 RPC 有非常大的问题;从原型迁移到产品需要对操作人员的技能有一个真实的评估,并且可能将需要 Web 服务方面的教育和培训;调整应用程序服务器能够对优化性能大有帮助;Web 服务也并不是到处都适用。

　　最后,总结来说,Web 服务基础架构为安全性、系统管理、传输转换和现有系统组件的集成提供了公共服务。这些初始投资本身表明,这些公司已经非常严肃地接受了面向服务的体系结构方面有价值的建议来使基础架构更加有效、使 IT 更加灵活且实现资产的重用。

## 6.4　本章小结

　　本章中，我们具体学习了 SOA 面向服务架构的相关内涵、特征、意义、切入点、基本模型等知识，并进一步介绍了基于 SOA 的服务系统开发相关知识，最后我们又介绍了与 SOA 紧密相关的 Web 服务，并从具体案例中了解其优越性所在。

# 参 考 文 献

[1]　陈文燕.基于 SOA 软件体系的研究与设计.合肥工业大学 2009 年硕士论文集.

[2]　SOA and Web Services. SOA 切入点. IBM developerWork.

[4]　Holt Adams, Dan Gisolfi, James Snell, Raghu Varadan. Web 服务最佳实践总结.
　　　http://www.ibm.com/developerworks/cn/webservices/

# 第 7 章 服务质量及其评价方法

在前面章节中，已经了解了服务质量的监控与评价是服务系统工程方法中非常关键的一个环节，它贯彻于整个服务系统之中，并决定着一个服务的成功与否。本章就来进一步了解运行时服务质量的相关概念、模型及其评价方法。具体内容安排如图 7-1 所示。

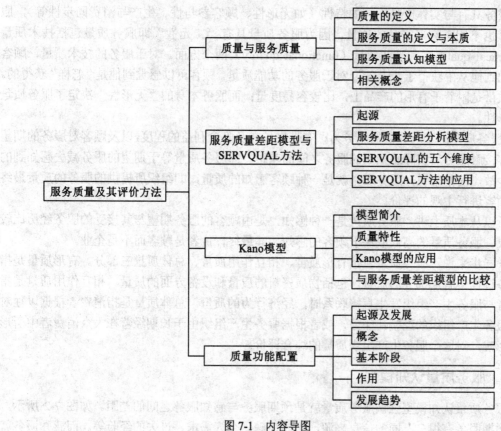

图 7-1　内容导图

## 7.1　质量与服务质量的概述

### 7.1.1　质量的定义

质量的定义源于实体产品，ISO8402 就定义质量为反映实体满足明确或隐含需要能力的特性的总和。其中，"实体"(entity)是指能够单独描述和考虑的对象；质量定义中的"需要"

重点大学计算机教材

有两种情况，即"明确需要"和"隐含需要"；任何"实体"如产品，都是为满足用户一定的"需要"而生产的；"能力"(ability)是指一个实体进行指定的活动并获得符合规定要求的结果的本领。

ASQC & EOQC 定义质量为，产品和服务内在特性和外部特征的总和，以此构成其满足给定需求的能力。而 Dr. J.M. Juran 认为质量即适应性。美国著名质量管理学家朱兰认为："质量是由两项因素综合而成的，即：第一项因素是吸引顾客并满足其需要的特征；第二项因素是免于不良，从而避免顾客的不满。"

我国《标准化基本术语》GB3935.1-83 中定义："质量是指产品、过程或服务满足规定要求的特征和特性的总和"。简而言之，质量就是"符合规定，满足需求"。

## 7.1.2　服务质量的定义与本质

服务具有与实体产品不同的特性（如无形性、顾客参与性、生产与消费同步性等），服务质量也不同于有形产品的质量。因为服务质量具有"二元性"即服务质量包括技术质量（technical quality）和功能质量（functional quality）两个方面。对于服务的技术质量，顾客可感觉到他从中获得了"什么"；对于服务的功能质量，顾客可以感觉到他是"怎样"获得的。产品质量是附着于有形的产品上，比较容易度量；而服务本身的"无形性"决定了服务质量的无形性。

服务质量源于所提供的服务为顾客带来外在及隐含利益的程度，以及顾客对服务的期望与顾客接触服务后实际感知到的服务之间的差距，即服务质量等于期望的服务减去感知到的服务。故，简单来说，服务质量就是一种顾客感知的质量，即组织所提供的服务的质量最终要由顾客进行主观的评价。

所以从本质上讲，服务质量是一种感知，是由顾客的服务期望与其接受的服务经历比较的结果。服务质量的高低取决于顾客的感知，其最终评价者是顾客而不是企业。

进一步来说，服务质量包括有形质量、相互作用质量、总体质量三部分。有形质量是指在服务过程中有形部分的质量，包括物质资料的质量和设备方面的质量。相互作用质量是指消费者与服务生产组织发生直接联系时，经济行为的质量。总体质量是指消费者根据以往对某个服务生产组织的经验和印象，或者根据服务生产组织由于长期经营在大众消费者中所形成的影响，对这个服务生产组织质量的综合评价。

## 7.1.3　服务质量认知模型

服务质量认知模型强调服务质量就是预期服务与感知服务之间的差距。如图 7-2 所示，其中预期服务有很多不同的信息来源，比如口碑、个人需求、过去的经验等。而感知服务就是顾客实际亲身体验服务之后得到的感知服务。有五个主要的维度来刻画预期服务与感知服务，即可靠性、响应性、保证性、移情性和有形性。经过度量预期服务与感知服务之间的差距，有三种可能的服务质量差距模型：①超出期望，即预期服务小于感知服务，称为质量惊喜；②满足期望，即预期服务近似等于感知服务，称为满意的质量；③低于期望，即预期服务大于感知服务，称为不可接受的质量。

在服务质量的维度方面，主要包括以下五个维度：①可靠性（Reliability）：可靠地、准确地履行服务承诺的能力，例如每天按时收到邮件、航班正点、电信计费准确；②快速响应性（Responsiveness）：帮助顾客并迅速提供服务的愿望，例如不以任何理由让顾客等待；③

保证性（Assurance）：服务人员的友好态度、所需的技能和知识，以增强顾客对企业服务质量的信心感；④移情性（Empathy）：设身处地为顾客着想，把每一位顾客当做独特、重要的个人，给予个性化的服务，例如做一个好的倾听者；⑤有形性（Tangibles）：有形的设施、设备、人员的外表，例如清洁程度。

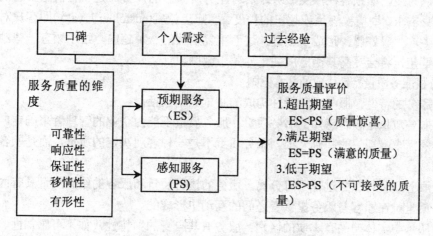

图 7-2 服务质量认知模型（王忠杰，2009）

除此外，服务质量还包括以下一些维度可参考：①可访问性（Access）：服务可被顾客方便地、容易地获取的程度，例如可通过电话呼叫服务、等待时间不能太长、路程要短（银行营业网点的分布）；②礼貌（Courtesy）：服务人员的优雅、尊敬、体谅、友好；③沟通（Communications）：以顾客能够理解的语言进行交流，针对不同的顾客使用不同的沟通方式，例如解释服务本身、成本、成本与质量的平衡、可能出现的问题；④可信性（Credibility）：公司的信息、声望、服务者的个人品质等；⑤安全性（Security）：较低的危险、风险和疑问；⑥物理安全：例如 ATM、航班的安全问题；⑦金融安全：譬如信用卡信息；⑧隐私：个人隐私信息是否得到有效保密，譬如一些网络公司会出售用户的相关电子邮件信息，这就属于侵犯用户隐私；⑨理解性（Understanding），即正确理解用户的个性化需求。

### 7.1.4 服务质量的相关概念

#### 1. 服务质量的两个方面

服务质量中主要包括过程质量和产出质量这两个概念。过程质量（process quality），即在服务过程中，顾客对此服务的主观评价；产出质量（output quality），即顾客对服务成果的衡量。

#### 2. 服务质量的四大特征

服务质量主要包括以下四个特征：①服务质量是一种"主观质量"，它本质上是用户对服务的感知；②服务质量是一种"互动质量"，服务质量是基于用户和服务提供者双方甚至多方互动的产物；③"过程质量"在服务质量构成中占据及其重要的地位；④对服务质量的度量，无法采用制造业中所采用的方法。

#### 3. 顾客感知服务质量

最早提出顾客感知服务质量（Customer Perceived Service Quality）的学者，是芬兰的

Christian.Gronroos 教授。他认为，顾客感知服务质量是顾客对服务期望（expectation）与感知服务绩效（perceived performance）之间的比较。若感知服务绩效大于服务期望，则顾客感知服务质量是良好的，反之亦然。

**4. 顾客满意度与顾客忠诚度**

顾客满意度，即顾客在接受服务之后对服务所做出的评价，是一种情感上的响应，判断标准是自身需求、期望被满足或超出的程度。客户忠诚度(customer loyalty)即客户对某一特定产品或服务产生了好感，形成了偏好，进而重复购买的一种趋向。给予顾客一些额外的价值以超出其期望，将会提高其满意度并培养其忠诚度。

**5. 分析服务质量特性构成的基本原则**

基于服务的特性，服务质量特性构成的基本原则包括：

（1）服务质量是顾客感知的服务质量：服务质量不能由企业的管理者来确定，它必须建立在顾客的需求、期望的基础之上。服务质量不是一种客观决定的质量，而是顾客对服务的主观感知。

（2）服务质量与服务过程不可分离：服务的过程质量和服务的结果质量具有同样的重要性。服务质量是在顾客与服务提供者之间的互动中形成的。

（3）服务与实体产品有本质的区别：服务有其自身的独特性，如不可感知性、易逝性、不可分离性等。这使得在评估服务质量时，面临的困难较其他实体产品大得多。

## 7.2　服务质量差距模型与 SERVQUAL 服务质量评价方法

### 7.2.1　起源

美国的服务质量管理研究组 PZB（Parasuraman，Zeithaml，Berry）于 1985 年提出服务质量差距模型，并在 1988 年将服务质量影响因素归纳为十类，以后又缩减为五类（即有形性、可靠性、响应性、保证性和移情性）。在五要素的基础上，他们建立了 SERVQUAL 感知质量评价方法。此方法利用差值函数来测量服务质量，即 Servqual 分数= 实际感受分数-期望分数，其中共包括 22 项测量指标，用于在进行服务质量评价时，分别测量其感知值和期望值。

### 7.2.2　服务质量差距分析模型(Gaps in Service Quality)

从图 7-3 中，我们可以清楚地看到有五个差距。之前提到了服务质量的度量，就是预期服务与感知服务之间的差距，在这幅图中也就是差距五所指示的差距。在实际情况下做服务系统设计和服务系统发布的时候，目的就是要尽可能的缩小差距五。但是图中也可以看到差距五不是直接得来的，而是由另外的四个差距累计得来的结果。

在顾客这里有一个期望的服务质量，从服务的提供者来说，他们通过市场上各种各样的手段，服务管理层对顾客的预期服务有一个感知，但是这个感知可能会和顾客真正预期的服务有一个差距，服务提供者可能没有完全理解顾客所期望的服务，这就形成了差距一。

当管理层得到了顾客服务期望的感知后，要将顾客的期望的感知转化为具体的服务质量设计，在这个转化的过程中，可能会出现一个差距，即差距二。

在服务的设计和发布的过程中，即服务传递的前后，也可能会出现一个服务质量的差距，即差距三。

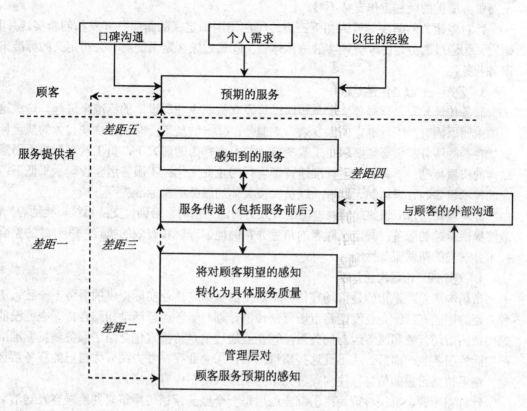

图 7-3　服务质量差距分析模型

　　在整个服务的阶段，服务的系统人员要与顾客做外部的沟通，也必然会产生一个差距，导致差距四的形成。可以看到，从差距一到差距四是一个逐渐产生的过程，并且差距五是依赖于这四个差距的。所以为了缩小差距五，要从前四个差距入手，缩小每一个差距，最终也就缩小了预期的服务与感知的服务之间的差距。

　　下面具体来介绍每一个差距产生的原因，及其解决对策。

**1. 差距一：管理层感知差距**

　　所谓管理层感知差距，即管理者不能准确地感知顾客的服务预期。产生这个差距的主要原因有：①管理层从市场调研和需求分析中所获得的信息不准确；②管理层从市场调研和需求分析中获得的信息准确，但理解有偏差；③本企业没有搞过什么需求分析；④企业与顾客接触的一线员工向管理层报告的信息不准确，或根本没报告；⑤企业内部机构重叠，妨碍了与顾客接触的一线员工向上级报告市场需求信息。

　　解决差距一对策主要有三：①通过客户调查和员工沟通等多种方式听取客户的信息；②随时通过理解和满足顾客的需求而与顾客建立关系；③在经历了一次失败的服务之后，要认识和处理顾客期望是什么。

**2. 差距二：质量标准差距**

　　质量标准差距，即所制定的具体质量标准与管理层对顾客的质量预期的认识有出入而出现的差距。这种差距产生的原因有：①企业规划过程中产生失误，或者缺乏有关的规划过程；②管理层对规划过程重视不够，组织不好，整个企业没有明确的奋斗目标；④高层管理人士对服务质量的规划工作支持不够。

针对差距二的解决对策为如下三点：①应用明确定义的新服务开发和创新实践，即服务研发；②通过服务蓝图理解顾客的总体体验；③通过顾客定义的而非公司定义的标准来衡量服务业务。

### 3. 差距三：服务传递差距

服务传递差距是指服务生产与传递过程没有按照企业所设定的标准来进行。造成这种差距的主要原因有：①标准定的太复杂、太僵硬；②一线员工没有认可这些具体的质量标准，例如在提高服务质量必须要求员工改变自己的习惯行为的情况下，员工就可能极不愿意认可这样的质量标准；③新的质量标准违背了现行的企业文化；④服务运营管理水平低下；⑤企业的技术设备和管理体制无助于一线员工按具体的服务质量标准生产。

针对差距三，应该如此解决：①围绕人力资源（招聘，培训，支持系统，奖励等）调整，最终提供卓越的服务；②定义顾客的角色并帮助他们理解和有效的执行；③有效的整合服务技术并适当的帮助服务性能。

### 4. 差距四：市场沟通差距

市场沟通差距，指的是市场宣传中所做出的承诺与企业实际提供的服务不一致。造成这种差距的原因有：①企业没能将市场营销传播计划与服务运营活动相结合；②企业没能协调好传统的市场营销和服务运营的关系；③企业通过信息传播宣传介绍了服务质量标准细则，但实际的服务生产滞后，达不到这些质量标准；④企业存在着力图夸大自己的服务质量的冲动，结果传播出去的信息往往向顾客允诺的质量太高、内容太多。

针对差距四，解决对策为：①综合运用每一个服务营销传播策略并给顾客发送消息或者信号；②通过经验有效的管理顾客的期望；③为了避免过度的承诺和确保成功的交付，建立内部沟通机制。

### 5. 差距五：质量服务感知差距

质量服务感知差距，指的是顾客体验和感觉到的服务质量与自己预期到的服务质量不一致。这种差距出现的原因有：①顾客实际体验到的服务质量低于其预期的服务质量或者存在服务质量问题；②服务口碑较差；③企业形象差；④服务失败。

解决差距五的策略前面已经说过，差距源于前四个差距，为了缩小差距五，要从前四个差距入手，缩小每一个差距，最终也就缩小了预期的服务与感知的服务之间的差距。

## 7.2.3 SERVQUAL 的五个维度

SERVQUAL 模型具体内容有两部分构成：第一部分包含 22 个小项目，记录了顾客对特定服务行业中优秀公司的期望。第二部分也包括 22 个项目，它度量消费者对这一行业中特定公司（即被评价的公司）的感受。然后把这两部分中得到的结果进行比较就得到五个维度的每一个"差距分值"。消费者的感受与期望的距离越大，服务质量的评价越低。相反，差距越小，服务质量的评价就越高。因此 SERVQUAL 是一个包含 44 个项目的量表，它从五个服务质量维度来度量顾客期望和感受，问卷采用 7 分制，7 表示完全同意，1 表示完全不同意，* 表示分值相反。以下是三位学者总结的五个维度：

（1）有形性。有形性包括实际设施，设备以及服务人员的列表等。其组成项目有：①有现代化的服务设施；②服务设施具有吸引力；③员工有整洁的服装和外套；④公司的设施与他们所提供的服务相匹配。

（2）可靠性。可靠性是指可靠的，准确地履行服务承诺的能力。其组成项目有：⑤公司向顾客承诺的事情都能及时完成；⑥顾客遇到困难时，能表现出关心并帮助；⑦公司是可靠的；⑧能准时地提供所承诺的服务；⑨正确记录相关的记录。

（3）响应性。响应性指帮助顾客并迅速的提高服务水平的意愿。其组成项目有：⑩不能指望他们告诉顾客提供服务的准时时间；⑪期望他们提供及时的服务是不现实的；⑫员工并不总是愿意帮助顾客；⑬员工因为太忙一直无法立即提供服务，满足顾客的需求。

（4）保证性。保证性是指员工所具有的知识、礼节以及表达出自信与可信的能力。其组成项目有：⑭员工是值得信赖的；⑮在从事交易时，顾客会感到放心；⑯员工是礼貌的；⑰员工可以从公司得到适当的支持，以提供更好的服务。

（5）移情性。移情性是指关心并为顾客提供个性服务。其组成项目有：⑱公司不会针对顾客提供个别的服务；⑲员工不会给予顾客个别的关心；⑳不能期望员工了解顾客的需求；㉑公司没有优先考虑顾客的利益；㉒公司提供的服务时间不能符合所有顾客的需求。

## 7.2.4 SERVQUAL 方法的应用

实际上，SERVQUAL 模型已经广泛运用于服务性行业，一般用以理解目标顾客的服务需求和感知，并为企业提供了一套管理和量度服务质量的方法。在企业内部，用 SERVQUAL 模型来理解员工对服务质量的感知，从而达到改进服务的目的。

具体的应用方向有如下几种：①基于 SERVQUAL 模型更好地了解顾客的期望与质量感知过程，从而达到提高服务质量的目的；②对同一行业中不同企业的服务水平做出比较分析，找出对顾客感知服务质量影响较大的维度并做出调整；③预测企业服务质量发展趋势；④以不同顾客的 SERVQUAL 评价分数为基础，对顾客进行分类，从而寻找企业的目标客户；⑤找到在不同文化背景下，顾客感知服务质量方面的差异，为全球化服务打下基础。

在应用过程中，应注意以下两点：①应用于不同行业、不同文化背景时，需要对表中的问项及其权重进行调整；②服务质量的五个维度可以根据具体情况做出适当的调整。

# 7.3 Kano 模型

## 7.3.1 Kano 模型简介

受行为科学家赫兹伯格的双因素理论的启发，东京理工大学教授狩野纪昭（Noriaki Kano）对质量的认知也采用二维模式，即使用者主观感受与产品或服务客观表现，提出了著名的Kano 模型。

## 7.3.2 产品或服务的质量特性

如图 7-4 所示，根据不同类型的质量特性与顾客满意度之间的关系，狩野教授将产品或服务的质量特性分为五类：

（1）无差异质量（indifferent quality）是质量中既不好也不坏的方面，它们不会导致顾客满意或不满意。例如：航空公司为乘客提供的没有实用价值的赠品。

（2）逆向质量（reverse quality）指引起强烈不满的质量特性和导致低水平满意的质量特性，因为并非所有的消费者都有相似的喜好。例如：一些顾客喜欢高科技产品而另一些人更喜欢普通产品，过多的额外功能会引起顾客不满。

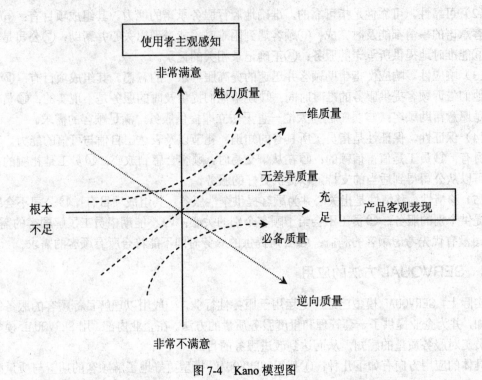

图 7-4　Kano 模型图

（3）一维质量 （one-dimensional quality）一维质量特性充分时会导致满意，不充分时会引起不满，它们是被公司宣传或用于公司间竞争的质量特性。例如：在价格不变的情况下，旅行社为游客提供新景点、新线路服务，但是当游客发现所谓的新景点不过是旅游产品加工厂时，会感到上当受骗。

（4）必备质量（must-be quality）必备质量特性充分时产品才能合格，不充分时会引起不满。例如：食品安全是餐饮业服务质量的底线，环境再优美、价格再优惠也无法平息因食物不洁引起的愤怒。

（5）魅力质量（attractive quality）魅力质量特性可以被描述为惊奇或惊喜的特性，充分时，能够引起顾客满意，不充分时也不会引起不满。

### 7.3.3　Kano 模型的应用

**1. 基于 Kano 模型的质量管理三层次**

基于 Kano 模型，狩野教授将质量管理分为三个不同的层次：①质量控制，讲究符合规格；②质量管理，讲求顾客满意；③魅力质量的创造，即希望创造顾客所意想不到的质量，达到顾客喜悦。

**2. 测量工具——Kano 问卷法**

在 Kano 模型的实际应用中，狩野纪昭开发了一个结构型用户问卷法来帮助确认不同功能的质量特性，以消除用户调查中的模糊性。这个方法比较直观，基本步骤如下：①从顾客角度认识产品或服务需要；②设计问卷调查表，了解顾客潜在需要；③实施有效的问卷调查；④将调查结果分类汇总，建立质量原型；⑤分析质量原型，寻找差距，提出改进措施；⑥调整与验证。

此外，设置 Kano 问卷法时，需要注意以下四点：①问题控制在 25 个左右，其中涉及功能性的问题，如"如果汽油里程表是好的，你觉得怎样"，非功能性的问题，如"如果汽油里程表坏了，你觉得怎样"；②每个问题都有 5 个分值："a. 我喜欢它是这样的，b. 它必须是这样的，c. 我保持中性，d. 我可以忍受这样的方式，e. 我不喜欢它那样"；③问卷必须与所做调查的需求相关联,措词必须中性以避免偏倚；④问题必须以顾客的方式，即收益与结构形式。

### 7.3.4　服务质量差距模型与 Kano 模型的比较

从研究思路上看，Kano 模型和服务质量差距模型都是以顾客感知质量为出发点，Kano 模型通过发展魅力质量特性不断向顾客期望接近,服务质量差距模型则是通过由内向外、由上到下的管理控制，缩小顾客期望与感知质量间的差距，两者的目的都是为了最大限度地挖掘顾客潜在需求。

从质量标准的划分上看，两个模型都超越了传统的一元质量认知，魅力质量理论从二元质量认知的角度划分质量特性；SERVQUAL 评价法则从顾客评价标准入手，更重视服务的主观特性。

在测量方法上，Kano 模型和服务质量差距模型都采用了结构型问卷调查和数理统计方法，Kano 问卷法以五个质量特性为基础，直观易行，容易获得顾客的配合，难点在于调查结果的数据转换上；SERVQUAL 的调查问卷包括服务质量的五个基本要素和 22 个衡量项目，对顾客的理解能力和配合要求较高。

两个模型都强调反馈和控制，由于 Kano 模型多用于产品开发，它侧重于事前控制；而服务质量差距模型是为了检验服务绩效，它侧重于事后控制。

从研究背景来看，两模型产生的时间正是消费者满意程度模式向相互交往模式转化的时期，Knao 模型引申了双因素理论，强调人的高阶需求；魅力质量作为一种管理概念已经超越了产品或服务本身，与之相比，服务质量差距模型仅仅是一种管理工具。

从管理实践上看，Kano 模型在国内的传播相对较晚，且局限在有型的产品设计上，有待于进一步开发研究；而服务质量差距模型和 SERVQUAL 评价法在国内的传播和实践已经相对成熟。

经过以上分析，可以看到，顾客期望是一种隐性服务标准，它存在于顾客的头脑中，是个体的一种内心体验，无法用语言或书面材料进行准确描述。受情景因素影响，它不易被体察和模仿，只有不断地与感知质量进行对比。顾客内心的这种期望才会日渐明朗。与此相对应的是企业内部制定的各种显性服务标准，它存在于员工手册和企业的规章制度中，是管理层可以控制的标准。隐性标准通过顾客与一线服务人员的沟通和服务传递，逐渐在员工的头脑中清晰起来，这种感知通过组织内部的沟通渠道获得管理层的认可，作为新条款写进服务管理规章中，变为显性标准。在这个过程中，一线员工的感知能力和组织内部沟通氛围起着关键作用，决定着顾客隐性标准向企业显性标准转化的准确性与及时性，而抢占先机往往是获得成功的先决条件。

总之，可以认为，在隐性标准的识别上，Kano 模型的质量特性分类法容易操作，在标准转换的控制上，服务质量差距模型的执行力更强。但是从标准转换的方法来看，SERVQUAL 评价法虽然准确、全面，但是比较耗时，需要被调查者付出极大的热情和耐心，与之相比，Kano 问卷法更加直观，顾客更愿参与。因此，不同的企业在不同的场景，可以将这两种方法配合使用，效果更佳。

## 7.4 质量功能配置

### 7.4.1 质量功能（QFD）的起源及发展

随着个性化产品越来越成为市场需求的趋势，越来越多的顾客希望能按照他们的需求和偏好来生产特定的产品。因此，对于企业来说，质量的定义已经发生根本性的转变，即从"满足设计需求"转变为"满足顾客需求"。为了保证产品能为顾客所接受，企业必须认真研究和分析顾客需求，并将这些要求转换成最终产品的特征以及配置到制造过程的各工序上和生产计划中。这样的过程称做质量功能配置（QUALITY FUNCTION DEPLOYMENT, QFD）。

QFD 于 20 世纪 70 年代初起源于日本三菱重工的神户造船厂。为了应付大量的资金支出和严格的政府法规，神户造船厂的工程师们开发了一种称为质量功能配置的上游质量保证技术，取得了很大的成功。他们用矩阵的形式将顾客需求和政府法规同如何实现这些要求的控制因素联系起来。该矩阵也显示每个控制因素的相对重要度，以保证把有限的资源优先配置到重要的项目中去。到了 70 年代中期，QFD 相继被其他日本公司所采用。丰田公司于 70 年代后期使用 QFD 取得了巨大的经济效益，新产品开发启动成本累计下降了 61%，而开发周期下降了 1/3。今天，在日本，QFD 已成功地用于电子仪器、家用电器、服装、集成电路、合成橡胶、建筑设备和农业机械中。

福特公司于 1985 年在美国率先采用 QFD 方法。80 年代早期，福特公司面临着竞争全球化、劳工和投资成本日益增加、产品生命周期缩短、顾客期望提高等严重问题，采用 QFD 方法使福特公司的产品市场占有率得到改善。今天，在美国，许多公司都采用了 QFD 方法，包括福特公司、通用汽车公司、克莱斯勒公司、惠普公司等，在汽车、家用电器、船舶、变速箱、涡轮机、印刷电路板、自动购货系统、软件开发等方面都成功应用 QFD 的报道。

### 7.4.2 质量功能配置（QFD）的概念

目前尚没有统一的质量功能配置的定义。但对 QFD 的如下认识是共同的：①QFD 是一种顾客驱动的产品开发方法，其要求企业不断地倾听顾客的意见和需求，然后通过合适的方法和措施在开发的产品中体现这些需求。②QFD 是在实现顾客需求的过程中，帮助产品开发中各个职能部门制订出各自的相关技术要求和措施，并使各职能部门能协调地工作的方法。③QFD 是一种在产品设计阶段进行质量保证的方法。④QFD 的目的是使产品以最快的速度、最低的成本和最优的质量占领市场。

一般认为，质量功能配置（QFD）是从质量保证的角度出发，通过一定的市场调查方法获取顾客需求，并采用矩阵图解法将对顾客需求的实现过程分解到产品开发的各个过程和各职能部门中去，通过协调各部门的工作以保证最终产品质量，使得设计和制造的产品能真正地满足顾客的需求。简单地说，QFD 是一种顾客驱动的产品开发方法。

### 7.4.3 质量功能配置的基本阶段

调查和分析顾客需求是质量功能配置的最基本的输入。顾客需求的获取是质量功能配置过程中最为关键也是最为困难的一步。要通过各种市场调查方法和各种渠道搜集顾客需求，然后进行汇集、分类和整理，并用加权来表示顾客需求的相对重要度。

　　顾客需求的瀑布式分解过程采用矩阵（也称为质量屋）的形式，将顾客需求逐步展开，分层地转换为产品工程特性、零件特征，工艺特征和质量控制方法。在展开过程中，上一步的输出就是下一步的输入，构成瀑布式分解过程。QFD 从顾客需求开始，经过四个阶段即四步分解，用四个矩阵，得出产品的工艺和质量控制参数，如图 7-5 所示。

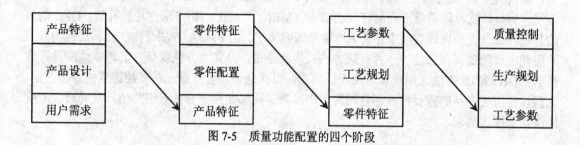

図 7-5  质量功能配置的四个阶段

　　第一阶段，产品规划阶段通过产品规划矩阵（也称质量层），将顾客需求转换为技术需求（最终产品特征），并根据顾客竞争性评估（从顾客的角度对市场上同类产品进行的评估，通过市场调查得到）和技术竞争性评估（从技术的角度对市场上同类产品的评估，通过试验或其他途径得到）结果确定各个技术需求的目标值。

　　第二阶段，零件配置阶段利用前一阶段定义的技术需求，从多个设计方案中选择一个最佳的方案，并通过零件配置矩阵将其转换为关键的零件特征。

　　第三阶段，工艺规划阶段通过工艺规划矩阵，确定为保证实现关键的产品特征和零件特征所必须保证的关键工艺参数。

　　第四阶段，工艺/质量控制规划阶段通过工艺/质量控制矩阵将关键的零件特征和工艺参数转换为具体的质量控制方法。

### 7.4.4　质量功能配置的作用

　　经济效益企业应用质量功能配置（QFD）后，由于其在产品设计阶段考虑制造问题，产品设计和工艺设计交叉并行进行，因此可使工程设计更改减少 40%~60%，产品开发周期缩短 30%~60%；质量功能配置（QFD）更强调在产品早期概念设计阶段的有效规划，因此可使产品启动成本降低 20%~40%；产品整个开发过程直接由顾客需求驱动，因此顾客对生产的产品的满意度将大大提高；通过对市场上同类产品的竞争性评估，有利于发现其他同类产品的优势和劣势，为公司的产品设计和决策更好地服务；通过质量功能配置（QFD）的实施与运行，提高全体职工对产品开发应该直接面向顾客需求的意识，对企业的发展有着不可估量的作用。

　　质量功能配置（QFD）和其他质量保证方法的关系质量功能配置（QFD）能够有效地指导其他质量保证方法的应用。统计过程控制（SPC）、实验设计（DOE/TAGUCHI）方法、故障模式和效应分析（FMEA）方法对于提高产品的质量都是极为重要的。质量功能配置（QFD）有助于制造企业规划这些质量保证方法的有效应用，即把它们应用到对顾客来说最为重要的问题上。使用质量功能配置（QFD）方法后，在产品开发过程何时和何处使用这些方法都将由顾客需求来决定。制造企业应该将 QFD 作为它们全面质量管理的一个重要的规划工具。

概括地说，可以认为，质量功能配置（QFD）是一个实践全面质量管理的重要工具，它用来引导其他质量工具或方法的有效使用。

另一方面，从质量工程的角度出发，质量功能配置（QFD）和其他这些质量保证方法构成了一个完整的质量工程概念。质量功能配置（QFD）、故障模式和效应分析（FMEA）、田口（TAGUCHI）方法属于设计质量工程的范畴，即产品设计阶段的质量保证方法；而统计质量控制（SQC）、统计过程控制（SPC）等属于制造质量工程的范畴，即制造过程的质量保证方法。另外，就设计质量工程而言，QFD 和 FMEA、TAGUCHI 方法也是互补的。QFD 的目的是使产品开发面向顾客需求，极大地满足顾客需求；而 FMEA 方法是在产品和过程的开发阶段减小风险提高可靠性的一种有效方法，也就是说，FMEA 方法保证产品可靠地满足顾客需求；TAGUCHI 方法采用统计方法设计实验，以帮助设计者找到一些可控因素的参数设定，这些设定可使产品的重要特性不管是否出现噪声干扰都始终十分接近理想值，从而最大限度地满足了顾客需求。

### 7.4.5 质量功能配置的发展趋势

随着质量功能配置（QFD）的日趋完善和计算机技术、信息技术等其他相关支撑技术的发展，QFD 呈现以下发展趋势：

（1）智能化、集成化计算辅助质量功能配置（QFD）应用环境的出现。由于质量功能配置（QFD）应用过程中需要具有丰富经验知识的各个领域专家；专家系统技术在许多领域已显示或正在显示其强大的生命力。因此，为了减少在顾客需求提取过程和 QFD 配置过程中对专家的依赖，将专家系统技术应用于质量功能配置（QFD）是必然的趋势。另外，在质量功能配置（QFD）的配置过程中，需要大量的输入信息，这些输入信息在许多情况下是人为的判断、认识等，因此常常是模糊的；而处理模糊的知识正是模糊集理论的"专长"，所以模糊集理论在 QFD 的配置过程中大有用武之地。另一方面，质量功能配置（QFD）与 FMEA（故障模式和效应分析）、DFM/A（面向制造/装配的设计）、SPC（统计过程控制）这些工具有效地结合起来，将会发挥更大的作用。因此，智能化、集成化计算机辅助质量功能配置（QFD）应用环境的开发将是今后质量功能配置（QFD）研究的一个主要方向，同时它的出现也必将促进质量功能配置（QFD）在工业界的推广和应用。

（2）质量功能配置（QFD）的应用领域不断拓宽。尽管质量功能配置（QFD）主要是针对产品开发而提出来的，但人们已将质量功能配置（QFD）成功地应用于软件开发等领域中。随着质量功能配置（QFD）的不断发展，其应用领域必将不断地拓宽。

（3）质量功能配置（QFD）的标准化、规范化。尽管质量功能配置（QFD）是一种柔性很大的方法。但是，随着质量功能配置（QFD）的日趋成熟和其应用的不断深入，有必要对其中某些共性的东西加以标准化、规范化，例如 QFD 方法的工作流程、实施手段等，这也有助于质量功能配置（QFD）在企业中的推广和应用。

## 7.5 本章小结

这章中，我们首先具体学习了解了服务与服务质量的相关定义、本质，以及服务质量认知模型及相关概念，然后又简要介绍和学习了服务质量差距模型与 SERVQUAL 方法、Kano 模型、质量功能配置这些目前服务质量相关研究中的主要模型与方法，进一步的详细资料可参考本章参考文献。

　　另外，服务质量管理工具除了上述介绍的几种常用方法和模型外，还包括另外一些选择，譬如绩效感知服务质量度量方法、标杆管理、服务蓝图化与过程管理、全面质量管理(TQM)、ISO9000 质量管理体系认证，基于价值的方法(Economic Value Added, EVA：使用经济指标来度量性能)，以及平衡记分卡法(Balance ScoreCard, BSC：使用经济指标和非经济指标的混合体来进行度量）等。需要根据实际业务情况，有选择地使用最合适的模型或方法来解决实际的服务质量管理问题，且不局限于已有的方法和模型。

# 参 考 文 献

[1] 李吉梅，宋铁英. 信息系统服务质量评价研究综述[J]. 情报杂志，2007(4): 26-29.

[2] 邓富民. 基于服务质量差距模型的服务质量特性构成分析[J]. 四川大学学报，2004(5): 27-30.

[3] 魏丽坤.Knao 模型和服务质量差距模型的比较研究[J]. 质量管理:10-13.

[4] 哈尔滨工业大学软件学院的教育部-IBM 精品课件 http://www.hit-ssme.net/ course_presentations.htm

# 第8章 移动 OA 系统的设计与实现

前面章节中，我们已经学习了服务工程相关的理论知识，本章开始我们将以具体实践案例的方式来探索学习服务工程的设计与实现。

本章实践案例为基于移动信息化服务的需求，提出的"企业应用移动办公"创新服务模式，并且设计实现了基于移动网络平台的移动办公系统，它采用移动数据 PUSH 技术，使政府、企事业单位不仅仅是只在办公室才可以进行文件的处理、政务信息的浏览，不仅仅只有在电脑前才可进行信息互动，只要移动网络覆盖的地方，在手机上就可解决一切。此系统能够满足 H 区政府的移动办公需求，能够快速、全面地将 E-mail、OA 系统中的应用延伸到领导员工的手机中，为政府机关领导提供安全可靠的移动信息化服务。

## 8.1 移动 OA 系统服务需求与分析

### 8.1.1 国内相关背景

2010 年 10 月 31 日，中国移动通信集团公司总裁李跃在上海世博会高峰论坛"信息产业与数字城市"平行论坛上表示，上海世博会的实践显示，建设"无线城市"已成为全球信息通信领域的大趋势，对发展经济、推动民生意义深远。而在后世博时代，中国移动将全面推动国内"无线城市"建设。"无线城市"将利用多种无线接入技术，为整个城市提供随时随地无线网络接入服务。"无线城市"被誉为继水、电、气、交通外的城市第五项公共基础设施，是现代服务业的基础平台，是政府服务职能的重要窗口，有利于产业发展，更与人们生活息息相关。

目前我国北京、天津、青岛、武汉、上海等十二大城市已投入无线城市计划的建设当中。其建设情况列举如下：

（1）厦门。2008 年 8 月，厦门市基于 TD-SCDMA（以下简称 TD）技术建成中国首个"无线城市"。常见应用包括视频监控、视频播报、掌上 110、"工地噪音远程无线监控"系统。现已建有 1000 多个 TD 基站，实现了全岛 99.3%覆盖，全市覆盖率达到 98%。

（2）广州。2009 年广东移动提出，在未来五年将围绕"无线政务"、"无线产业"、"无线生活"三大领域，打造"无线城市"应用平台，协助政府、企业方便快捷地开展无线城市的各类业务和服务，让广大市民能够充分享受无线城市带来的便利和高效，让信息服务惠及全社会。提出的无线城市应用包括：电力远程自动监控、城市景观照明远程监控、供水远程管理、警力远程调度、120 急救系统等。

（3）成都。2008 年 12 月，四川在成都启动了全省第一个"无线城市"建设试点。两年来，"无线成都"积极引进国际最新的建设理念和物联网、云计算技术，建设了通信管道、TD 基站、光缆、WLAN 无线基础设施和统一接入门户等信息化应用平台，创新推出了"企业在线"、"宝宝在线"、"天网路况"、"家园在线"等一系列特色业务，运营水平位居全国前列，并被工信部、国台办、国家发改委确定为全国仅有的两个"海峡两岸产业合作无线城市试点城市"之一。

## 8.1.2　国外相关服务发展现状

根据文献[1][28]的统计，目前在西欧和美国大约有 1.8 亿名移动工作者，有超过 86% 的企业拥有每周至少 1 天在外工作的员工。在思科甚至因总有一半的员工在移动办公而只需提供一半的工位。中国在移动办公领域落后欧美市场大约两年时间，在 2004 年移动办公才开始进入宣传阶段，而到 2007 年市场规模就已经达到了 14.77 亿元，正在显示出巨大的市场潜力。

"企业移动数据服务及应用市场是移动数据业务和 3G 服务的重点攻关市场，涵盖了从 SMS 类型的数据通信服务到移动办公服务" [2]。美国 Gardne 公司的研究报告[3]曾预计到 2005 年底，全球有超过 21,000 个 HotsPots（无线热点）提供给移动办公的商务人士使用，在 2009 年增加到 9200 万人。Liu[4]预测 2009 年移动办公市场总值将达到 79 亿欧元。这意味着在 2003—2009 年期间，此市场的年增长率将在 18% 左右。而 IDC 日前的预测结果远远高于此数字，他们预测在 2011 年，全球将有 10 亿左右移动办公人员。Forrester 也预测，2012 年，全球有 75% 的工作人员将实现移动办公。有关报告指出，"目前大量的企业都普遍大大低估了员工对移动办公需求的支持，企业对移动员工的定义忽略了一大部分希望在旅行过程中登入企业应用程序的员工，而这一群体的增长却非常迅速。"

作为信息产业未来可期的蓝海市场，移动运营商，手机制造服务商，通讯设备商，信息化软件商等已开始抢入这一市场，并逐步形成一条完整的产业链[5]。这其中既有像中国移动、中国联通等移动通信的巨无霸，也包括微软、英特尔、诺基亚、IBM 等跨国巨头。此外，如用友、金蝶、有生博大等传统的企业信息化软件公司也跃跃欲试，开始了自己产品在办公方面的布局。

## 8.1.3　移动 OA 系统的本土需求分析

"无线城市"是用多种无线接入技术使整个城市可以随时随地根据需要进行接入和管理，把政府、企业群众的日常生活紧密相关地联系在一起。它是城市信息化和现代化的一项基础设施，也是衡量城市运行效率、信息化程度以及竞争水平的重要标志。

H 区政府已有的 OA 平台自运行以来，为政府办公提供了良好的服务支持，发挥了很大的成效，电子化协作办公以及公文信息的发布、下发从传统的方式转变为网络化极大地提高了办公效率。但是这种固定在办公室里、对着电脑、连上网线才能办公的形式在很大程度上令人感到低效和种种约束，在文件审批过程中，如领导身边没有电脑，没有联网，就无法对文件进行及时的审批，结果可能整个批文延期，从而导致了整项工作的延迟。通讯网络的发展、手机软硬件的成熟带给人们一个重要的观念变化就是"办公自动化不应该被限制在办公室里和计算机旁"。

中国的两大移动运营商中国移动和中国联通推出了多个移动办公业务[6][7]。中国移动的移动 OA 是通过部署 MAS （Mobile Application server）服务器的方式与集团客户原有的 OA 系统进行耦合，主要为集团客户提供基于移动无线网络访问单位内部 OA 系统的解决方案。客户能够通过移动终端随时随地地接入公司或者单位内部的 OA 系统，实现公文处理、邮件提醒和集团通讯录等的业务流程。中国联通提出"随时随地，轻松办公"的办公理念，无论何时何地，只要在 CDMA 网络信号覆盖的地方，就可以利用手机、PDA、笔记本电脑等移动终端设备通过短信、WAP、BREW 等多种方式与企业的 OA 办公系统进行连接，从而将公司内部局域网扩大成为一个安全的广域网。

国内移动运营商推出的移动办公业务还是基于 GPRS 网络的简单业务，各个研究机构对于移动办公的研究还处于实验阶段，没有形成统一的标准与规范。

另外，党的十七大报告已将"信息化"工作的开展提到了全新的历史高度，信息化将成为社会科学发展的重要推动力量。作为信息化科技发展的最新成果，"移动办公"的出现，为现代社会提供了一种全新的工作模式[6]。它使政府和企事业单位的领导、办事人员不用再全天困守在办公室中批示和处理工作事务，它使信息指令能更快传递，使得工作场所变得没有局限，让办公事务变得可以随心所欲，它是中国在信息化技术研发和应用上的自主创新。它的使用简便，适用性广、功能性强等特性，使其在改造和提升各产业竞争力，更大程度发展社会生产力，推动节约型社会建设等方面都有出色的推动作用，正在受到政府各界和社会各产业越来越多的重视。

### 8.1.4　系统开发内容和目标

本案例的移动 OA 解决方案，是基于 OME 平台进行扩展，在 H 区政府现有 OA 系统之上完成。在政务专网的 DMZ 区架设中国移动手机邮箱 MAS 服务器，在 MAS 服务器上扩充 OME 组件，通过简单的开发、部署实现移动 OA 系统，满足 H 区政府的移动办公需求。其主要开发内容包括：

主要依靠 GPRS/EDGE/CDMA 作为数据传输方式，通过安全连接将客户应用服务器上的内容（数据）请求推送到客户终端机，使得用户可以随时随地地实现移动办公和移动应用。

通过网络通信协议支持与现有办公系统数据解析与数据同步，来实现办公资源与移动办公系统的集成，避免办公数据丢失与移植操作，保证原有资源数据安全并达到原有资源与现有资源的天然集成。

通过对现有办公系统平台的分析，结合需求调研，开发适合在移动终端设备上运行的远程办公系统，实现远程电子信息化移动办公。

通过移动 VPN、专有 APN 技术，与数据协议加密，数据加密，压缩等安全技术使系统畅通无阻，安全可靠。开发目标包括：构建企业移动 OA 应用平台；提供多种移动办公模块功能。

实现与 H 区现有 OA 系统的无缝接口；对接入平台的手机进行统一接入、认证管理；应用数据规范化，可对接入应用业务、应用数据进行统一管理；界面友好、标准，术语贴近企业应用的习惯，便于理解。

## 8.2　移动 OA 系统架构

### 8.2.1　移动 OA 系统总体结构

移动 OA 系统的总体结构如图 8-1 所示，主要分为以下组件：

（1）接入层。智能手机接入，实现手机端统一的用户身份认证，后期考虑对低端手机支持 wap 方式或短信方式接入。

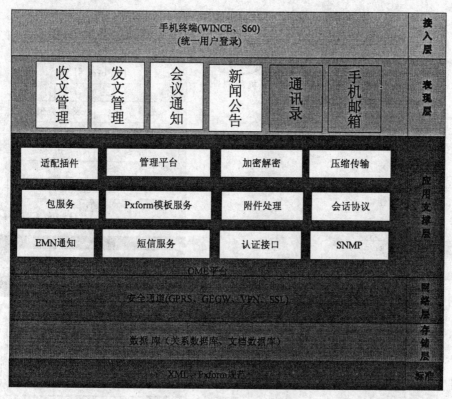

图 8-1　移动 OA 系统总体结构

（2）表现层。基于立通 OME 定制开发的各应用功能模块，一期实现手机邮箱和通讯录查询的移动应用，二期实现收文管理、发文管理审批和会议通知、新闻公告推送。

（3）应用支撑层。主要是 OME 平台的各种服务程序，主要实现包括与 OA 系统的耦合组件、数据传输协议、会话协议、附件处理服务、短信接口、任务调度、数据加密解密、压缩传输、管理平台及相关的硬件运行监控服务。

（4）网络层。指数据从 MAS 服务器到手机端的整个传输网络，包括加密 VPN、推动网管、移动网络（GPRS）。

（5）存储层。推送数据的缓存数据库、管理平台数据库和存储设备，OME 支持 oracle、SQL、Mysql，H 区政府移动 OA 项目采用 Mysql。

（6）标准层。包括 XML 规范和 Pxform 窗体数据协议规范。

## 8.2.2　移动 OA 系统逻辑结构

图 8-2 体现了 OA 系统、OME 服务器和 OME 客户端之间的关系。OA 服务器与 OME 服务器之间采用 HTTP 协议进行传输，传输内容是符合 XML 规范的数据。对于要向手机端传输的数据，到达 OME 服务器后，根据推送的目标用户进行数据路由。

OME 服务器负责将 XML 数据转换成 Pxform 窗体数据，根据数据交互类型采用不同的方式向手机端传输数据。对于推送的数据一般采用离线的数据协议（CMPOP）进行传输；对于在线请求的数据一般采用在线协议（HTTP）进行传输。

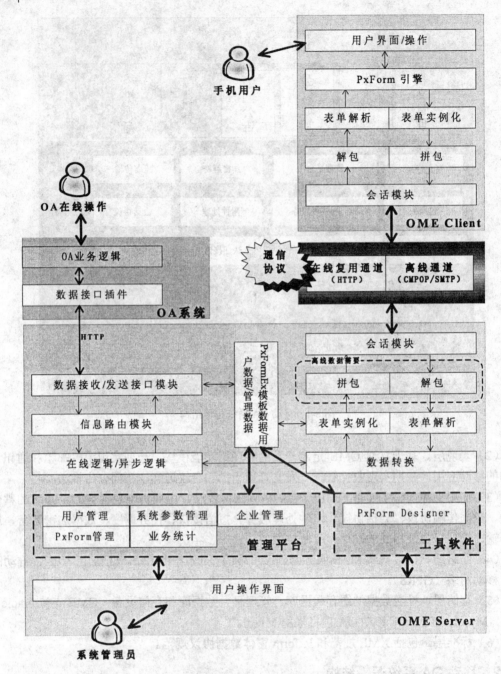

图 8-2 移动 OA 系统逻辑结构

手机端软件实现了通过 HTTP 和 CMPOP 协议进行通信的接口，数据通过物理网络传输到手机端后，由手机端程序负责进行解包、解析 Pxform 窗体数据及展现数据内容。

手机端提交数据同样有在线、离线两种模式。对于提交离线数据类的业务通过 CMSMTP 协议进行数据提交，对于查询类的业务请求提交采用 HTTP 协议。提交的数据格式同样符合 Pxform 数据规范，数据到达 OME 服务器后，由 OME 服务器进行解包、解析数据、转换成需要提交到 OA 的 XML 数据，通过 HTTP 协议提交到 OA 服务器；通过 SMTP 协议提交到邮件服务器。

    移动 OA 业务流程如图 8-3 所示。移动 OA 的手机终端可以方便地定制，目前支持 Windows Mobile PocketPC、Android、OMS 智能手机操作系统；手机邮箱支持 symbianS80、Symbian S60 SDK2.0、Symbian S60 SDK3.0、Symbian UIQ SDK3.0、WinCE、J2ME、Palm 智能手机操作系统。

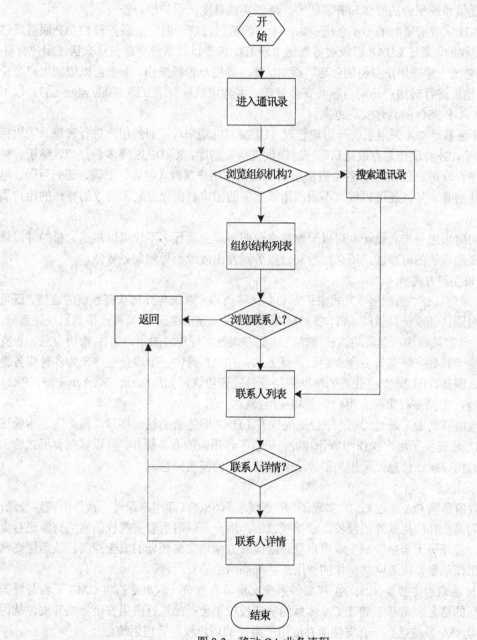

图 8-3   移动 OA 业务流程

### 8.2.3 统一认证、单点登录

**1. 认证管理方法**

OME 平台可以配置适配常用的验证方式,可以适配单点登录代理服务器进行统一登录验证,在设计和实现中,以求达到以下目标:

(1)采用开放架构,兼容主流技术,保证系统整合能力。

(2)提供系统平台的配置和开发能力,降低实施难度,保护用户投资。

(3)在 H 区政府现有的 OA 系统和邮件系统都是通过统一的验证服务器 LDAP 服务器进行验证、授权的,通过 LDAP 目录服务存储用户 ID、口令以及系统登录信息来认证用户身份,使用 TIM 来统一管理用户身份的创建、添加、修改等用户管理操作。系统可以依据用户身份和用户 IP 地址进行对用户访问内容的安全管理,并考虑单次登录(即 single sign on)。以下是 OME 平台中 SSO 的具体实现方案。

(4)H 区移动 OA 采用了统一用户管理(UUM)机制来对注册的用户进行管理。采用标准的 LDAP/NIS+协议作为存取接口,同时提供支持数据库,RADIUS 等多种接口,便于各种服务的程序存取用户数据,除了各个应用所需的公共的用户属性(姓名、密码、证书号码、电子邮件、性别等)外,还可以根据不同应用或服务的需求自由设置它所要求的特殊的用户属性。

(5)同时采用分布式设计,可以配置在多台服务器上运行,不仅可以接受大量的并发请求,而且提高系统的可靠性,不会因为某台服务器发生故障而导致服务暂停。

**2. 认证实现方式**

UUM 采用认证"适配器"方式来扩充 OA 和移动 OA 系统与外部认证系统的连接。既可以通过调用原认证系统提供的 API,在 OME 平台产品"登记注册",又可连接到原认证系统,给 OME 平台产品添加一个新的认证接口。认证方式既支持传统的用户名称/密码登录,也支持基于智能卡和数字证书等更高级别的认证方式。UUM 提供一个服务程序来为各种服务提供用户认证服务。UUM 支持业界的标准网络身份验证协议,如:Basic、Kerberos v5、PKI、Sun PAM 等,支持多种第三方用户认证和应用授权方法。

H 区政府移动 OA 通过 OME 平台适配现有 LDAP 服务器的认证接口,即采用基本验证方式。OME 还提供了用户操作的审计功能,记载了各用户的业务操作,可以以网页形式输出各种服务的用户统计信息,采用加密算法来存储用户的安全信息。

**3. 访问控制**

H 区政府移动 OA 通过 OME 实现了"单点登录"(SSO)(即用户通过一次性的鉴别登录,获得需访问系统和应用软件的授权。获得授权后,用户可以对所有被授权的网络资源进行无缝地访问,管理员无需修改或干涉用户登录就能够方便地实施预期的安全控制,从而提高网络用户的工作效率,降低网络操作的费用,并提高网络的安全性)。

当前 H 区政府主要是集成 OA 和邮件系统实现单点登录。这里我们将 OME 平台与经国家评测认证的格方公司基于 PKI CA 体系的认证授权平台产品进行应用安全集成开发,从而为 H 区移动 OA 系统建立一套支持所有应用子系统的用户权限管理系统。

访问控制方案制定如下:

(1)基于 PKI/CA 技术,采用数字证书方式管理用户,使每个用户只需要拥有一个数字证书,就可以在移动 OA 系统中具有一个唯一的身份,以此建立集中的用户管理体系;

（2）在 LDAP 目录服务技术的基础上，采用资源目录管理技术，集中管理各个应用系统的资源，并在用户管理和资源管理的基础上实现用户的授权管理；

（3）集成到 H 区政府现有的认证授权中心，在用户访问应用系统资源时，能够集中对用户的身份进行认证，并集中控制用户的访问行为；

（4）用户证书采用加密短信方式下发用户，与手机端绑定后为用户提供一种安全、可靠的认证方式。

### 8.2.4　数据加密

#### 1. 加密范围

系统在数据传输过程中针对用户密码、传输的所有数据进行加密，以确保系统核心数据安全性。H 区政府一期项目涉及的数据包括组织结构数据、联系人数据、电子邮件内容、账户密码等信息。

#### 2. 加密方法

传输数据采用 MD5 对称加密算法，将任意长度的字节串通过一定的算法变换成一个 128bit 的大整数，即便信息摘要被窃取，即使有算法的源程序，也不可能将一个 MD5 值变换回原文。对于 MD5 加密的密钥字符串采用安全级别更高的非对称证书加密传输到手机终端。

### 8.2.5　通讯录功能

进入移动 OA 系统后显示的主界面，如图 8-4 至图 8-9 所示。

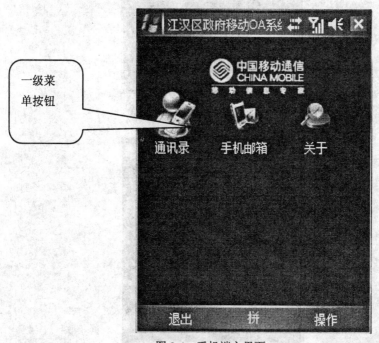

图 8-4　手机端主界面

图 8-5　某类组织结构浏览界面

图 8-6　某组织结构的联系人浏览

图 8-7　联系人详情查看

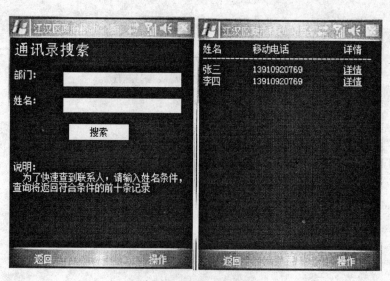

图 8-8　联系人搜索界面

图 8-9　组织结构类型说明

### 8.2.6　手机邮箱

系统集成中国移动标准手机邮箱业务，在集团公司与供应商之间，可以及时快捷地以电子邮件交流，如图 8-10 所示。

### 8.2.7　应用系统接入方案

#### 1. BS 架构应用

H 区政府现有的 OA 系统是 BS 模式的系统，系统通过规范的数据接口接入移动 OA 系统，OA 服务器放置在 H 区政务内网，MAS 服务器放置在政务外网，中间通过网闸进行通信。

图 8-10　手机邮箱主界面

　　MAS 服务器管理端程序采用 BS 结构，基于 J2EE 构建，包括邮件服务器注册、用户注册、组织信息注册、角色注册，管理行业数据推送必需的信息。

　　**2. 邮件类型应用**

　　H 区政府 POP3 邮件服务器在 MAS 服务器注册信息和手机邮箱账号后即可使用手机邮箱功能，通过手机收发电子邮件。邮件服务器部署在政务内网，与部署在 DMZ 区的 MAS 服务区进行通讯，网闸设备保障内网数据的安全。

## 8.2.8　网络及安全方案

　　**1. 网络拓扑图**

　　系统所对应的网络拓扑如图 8-11 所示。

　　**2. 系统网络安全**

　　系统的数据加密是基于 SSL 的通道加密的安全方案，由多重机制保护。

　　（1）MAS 服务器的系统安全策略。

　　MAS 服务器的安全由多重机制保护：MAS 服务器安装在企事业单位内网，受防火墙保护；通过指定的 IP 地址和端口与推送网关连接，其他所有地址均不能访问；外部无法主动访问 MAS 服务器；用户可自定义垃圾邮件过滤策略；MAS 服务器上缓存数据全部采用加密方式保存，即便管理员也无法看到内容；只有企事业单位内部开通了移动 OA 的合法用户才能发送数据，任何未经授权的用户不能发送。

　　（2）企事业单位 OA 服务器的安全策略。

　　企事业单位 OA 服务器仅对 OME 服务器的 IP 开放端口；其他任何 IP 无访问权限。

　　企事业单位 OA 服务器设定发送验证，只有通过验证的授权用户才能推送 OA 数据，外部非法用户则无法通过企事业单位服务器发送数据。

　　**3. 移动终端接入安全**

　　（1）通道加密方案。SSL 通道加密方案是指手机终端利用通道加密技术，建立与 OME 服务器基于 SSL 的直接通信。手机终端与 OME 服务器之间的通信是端到端的 SSL 通信，手机终端与 OME 服务器之间 SSL 的密钥协商和密钥交换是也是端到端的，推送网关负责 TCP/IP 数据包转发，无法获得和破译通信的内容。

性能指标：

①支持标准 SSL/TLS 加密和认证；

②密钥交换的加密算法为 RSA，密钥长度为 1024 比特；

③Hash 算法为 SHA1，密钥长度为 160 比特；

④数据加密算法为 RC4，密钥长度为 128 比特。

采用立通 MOA 系统的安全和加密方案，具有以下特点：

①企事业单位不需要更改防火墙设定，OME 服务器与推送网关的通讯是通过标准 443 端口进行传输。

②OME 服务器不需要申请公网 IP 地址。这样的话，企事业单位 E-mail、OA 服务器可以避免暴露在互联网上被黑客攻击，外界无法接触企事业单位应用服务器。

（2）手机终端的安全策略。用户通过手机终端进行 OA 业务操作，其内容很可能是非常敏感的。当用户手机丢失或被其他人冒用时，很可能会造成泄密。对于这些情况，实施以下针对手机终端的安全策略：

①移动办公终端软件可设置密码保护。

②如果用户的手机丢失，用户可以通过 OME 服务器的系统管理员或者通过 10086/800-810-9939 客户服务部门，给手机发送一条炸弹短消息，以清除手机终端上所有数据和设置信息。

③当用户邮箱的密码修改后，用户必须在手机终端上修改密码才可以继续使用移动办公服务。

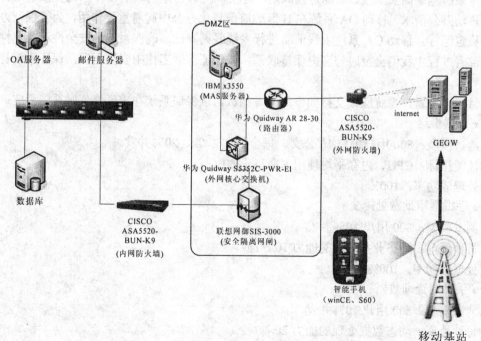

图 8-11　移动 OA 网络拓扑图

### 8.2.9  MAS 服务器系统性能

#### 1. 负载均衡

移动 OA 手机端通过 MAS 代理服务器访问后台的 OA 系统实现移送办公，由于受到单台代理服务器的性能瓶颈和系统故障等问题，影响了手机用户访问的稳定性，尤其是大用户量的情况下更容易发生。H 区政府移动 OA 一期的用户不足 100 人，一台 MAS 服务器目前还不存在性能问题，考虑到后期用户可能上到 300~500 人，为此必须考虑负载均衡方案。H 区政府移动 OA 基于 OME 平台开发，OME 平台采用 HTTP、POP3 等标准协议，本身支持负载均衡，使得 H 区政府移动 OA 后期只需加装一台 MAS 服务器，可以比较容易地实现负载均衡机制解决访问瓶颈问题。

这里的负载均衡策略主要是采用一台七层 IP 应用交换机来提供 MAS 服务器的负载均衡服务。在七层应用交换机中，用户的一个或者多个目标服务器地址被设置为虚拟 IP 地址，由 IP 地址和 TCP/UDP 应用的端口组成，以此来为大量的基于 TCP/IP 的网络应用提供服务器负载均衡服务。

七层交换机连续地对目标服务器进行从四层到七层的合理性检查，当用户通过虚拟 IP 地址请求目标服务器服务时，BIG/IP 根据目标服务器之间性能和网络健康情况，选择性能最佳的服务器响应用户的请求。如果能够充分利用所有的服务器资源，将所有流量均衡地分配到各个服务器，这样就可以有效地避免"不平衡"现象的发生。七层交换机是一台对流量和内容进行管理分配的设备。它提供 12 种灵活的算法将数据流有效地转发到它所连接的服务器群。而面对用户，它只是一台虚拟服务器。用户此时只需记住一台服务器，即虚拟服务器。但它们的数据流却被 L7 灵活地均衡到所有的服务器。

#### 2. 性能指标

本系统基于高安全性、高稳定性原则，旨在解决 H 区政府现有 OA 系统无法满足日益增加的移动办公需求。移动 OA 系统在 H 区政府信息化办公中起着重要作用，为了保证办公系统的稳定运行，移动 OA 系统上线前将进行系统联调测试，确保系统的安全性和稳定性，在系统部署过程中我们会及时与客户保持联系，以保证部署工作中安全无误，保证系统稳定运行。

（1）并发量。系统应该支持如下的并发测试，以保证系统在出现峰值时系统稳定：

● 数据推送

测试模型：800 用户每户 10 公文、每个公文 200k、20% 并发

性能指标：CPU、内存平均使用率要小于 60%

处理成功率：100%

● 手机端审批意见提交

测试模型：800 用户 10% 并发

每秒处理：动态业务处理的能力 10 次/秒

处理成功率：100%

● 手机端查询数据

测试模型：800 用户 10% 并发

每秒处理：动态数据处理的能力 20 次/秒

处理成功率：100%

（2）测试策略。系统分别在 300、400 用户并发的情况下 8 小时持续运行，保证没有崩溃、死机的情况。

（3）故障转移及恢复。系统具备故障转移及恢复功能，由监控进程保障系统的不间断运行，监控进程是一个功能单一，高稳定性的程序，主要功能是监控主程序的运行状态，当分析发现业务主进程异常情况，将强制杀死业务进程并重新启动业务进程，保证系统的稳定运行。

## 8.3 手机桌面管理方案

### 8.3.1 现有基础资源

**1. 网络基础**

目前用户单位网络按用户对象不同划分为三个层次：局内网、政务专网、外网。局内网是指局机关办公网络、局机房、各区局网络以及局二级单位连接的网络。政务专网指连接 W 市政府、市属各委办局以及局上级单位的政务网络。外网指可通过防火墙和网闸设置的策略直接访问 Internet 的网络。

**2. 数据基础**

现有办公通知管理系统完成了对原有各类办公信息资源的管理控制，建立了集业务、公文、新闻、信访、档案等数据的电子政务数据库，为移动办公系统提供了全面的数据库基础。

**3. 系统基础**

现有单位内办公系统是一种工作软件所开发的基于浏览器办公系统。为充分利用现有系统资源避免重新开发和数据移植并要达到与现有办公系统无缝集成，我公司采用基于互联网广泛使用的 HTTP 协议的解析技术，在不修改原系统的基础上，达到与原系统进行信息交互和数据同步。既保证了原系统的数据安全，又确保了移动办公系统与原系统的数据一致性。

**4. 网络结构**

为保证局内数据保密性和安全性考虑不能将数据暴露在公网上并防毒、防破、防盗，通过 APN 专线接入 W 市政务网络中心以通过政务中心外网与内网两层防火墙访问 OA 数据，过程中采用专网（APN 单位专网）、专点（专门设置数据传输点，与网络端口）、专线（营运商网络专线）、专机（专属的访问手机与计算机）、专号（专属认证的手机号）及路由 IP 协议与两层防火墙来确保数据安全性和保密性。具体内容：

（1）专网，W 市政务专网内部数据交互，与外网隔离。

（2）专点，系统采用协议点对点设置，专属的通信接入点，专属的端口，避免与公共端口交互。

（3）专线，由运营商提供的专用的通信线路。

（4）专机，专用的服务机、安全防护机组及移动设备。

（5）专号，用运营商统一管理的专用账户及手机号。

国内现基础电信运营商，即新中国移动 TD－SCDMA，新中国电信 CDMA2000，中国联通 WCDMA 三大技术，可传输声音和数据，能够在全球范围无线漫游，并处理图像、音乐、视频流等多种媒体形式，提供包括网页浏览、电话会议、电子商务等多种信息服务，同时具有良好的兼容性。无线网络能够支持不同的数据传输速度，在室内、室外和行车的环境中能够分别支持至少 2Mbps（兆比特/每秒）、384kbps（千比特/每秒）以及 144kbps 的传输速度（此数值根据网络环境会发生变化）。

### 8.3.2 网络结构设计

桌面管理功能所需的网络拓扑结构如图 8-12 所示。系统结构如图 8-13 所示。

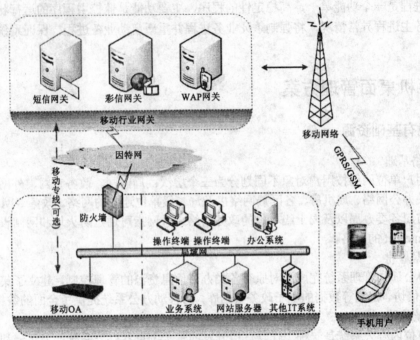

图 8-12　网络拓扑结构

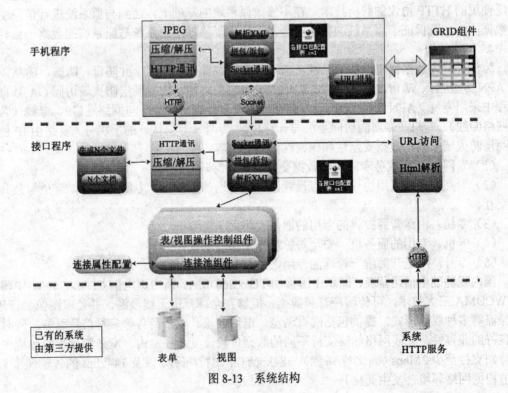

图 8-13　系统结构

（1）硬件环境：

● 数据库接口服务器：PC 接口服务器

● 要求：内存≥1G，Windows 2003 操作系统。

● 手机操作系统为 Windows Mobile 6、Android 1.5 以上

（2）软件环境：

● 接口服务器和终端操作系统：Windows 2003 Server 、Windows Mobile 6 、Android

● 支持平台软件：JDK1.4.2、Windows Mobile 6 （SDK）

● 开发语言：Java、C#、 C++

● 开发工具：Eclipse 6 、VS 2005

● 应用接口服务器：Resin 3.1

### 8.3.3 框架流程

#### 1. 框架设计概述

客户端每发一次请求，就像 Web 程序的客户端访问了某个 url 一样，客户端的参数相当于 Web 程序中的 action，而 MethodManager 就像 MVC 中的控制层，所有的请求都会被该类拦截，然后根据参数去调用相应的业务逻辑方法，在各个模块的各种逻辑里，可根据实际需要任务组合处理方式，如用流解析或数据库操作。在上个版本中的核心部分，如流解析，数据库操作可基本不变或根据实际情况稍作改变。如图 8-14 所示。

#### 2. 与上一版的比较

（1）客户端几乎 0 配置，只需配置需要连接的主机即可，就像浏览器，只需发出请求，服务器会根据请求自动调用对应的方法，返回相应的结果。

（2）服务器端配置大大减少。由于高度模块化，每个模块对自己需要的东西非常清楚，如发文管理需要某个链接，以前的做法是通过业务编号，然后解析，然后得到配置文件中的链接，事实上某个模块对自己是最清楚的，因此应该由该模块自己来管理链接，只需要在该类里面声明一个字符串的 url 就可以了，而在别的类根本不可能用到该 url。

（3）底层的核心模块高度重用。由于各个模块既有共同部分又各自独立，因此变化的部分封装在他们各自的业务逻辑方法里，而当需要基础的功能，如解析流，数据库操作时，也可以共用底层的核心模块。可扩展性好。

（4）可以非常方便地排错。当出现问题，可迅速定位到出问题的地方，即只需判断两个步骤，第一看客户端参数是否正确，如果正确的话，就是服务器端业务逻辑的问题，非常方便。而在上个版本中，如果出现错误，排错的步骤如下：

①首先看客户端是否配置正确；

②看客户端发送参数顺序是否与配置文件一致；

③在 1、2 的基础上，看服务器端是否收到正确的业务编号，并调用了正确的方法；

④检查服务器端的配置文件是否与客户端保持一致，并已经被正确编译，在上个版本中，多次出现已经配置正确，但就是不编译的情况；

⑤检查解析出来的参数是否正确；

⑥在前 5 步的基础上检查业务逻辑是否正确；

⑦在第 6 步正确的基础上检查是否在封装返回的参数出现错误。

（5）保证开发过程和测试过程的解耦，客户端与服务器端没有任何关系，除了通信的字

符串，服务器端在开发，可以非常容易地模拟一个客户端字符串，来测试业务逻辑，而客户端也可以非常容易地模拟一个服务器端字符串来检验正确性，彼此非常独立。

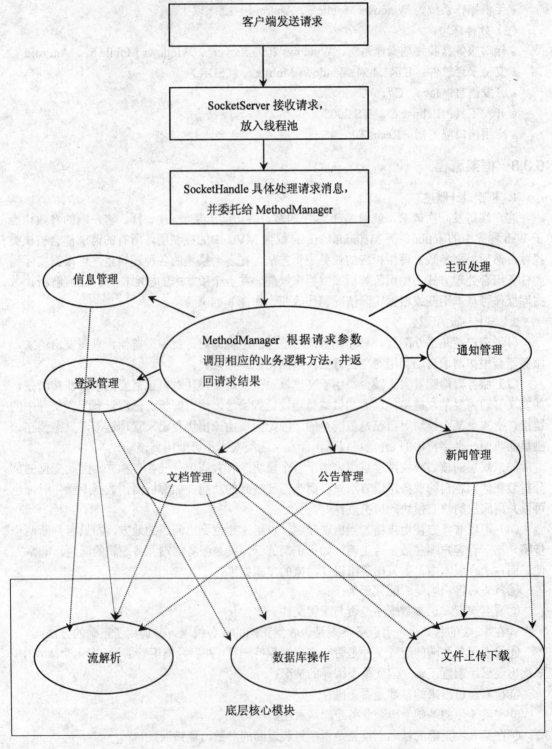

图 8-14　业务流程框架设计

（6）高扩展性。如果要增加一个模块，只需要在服务器端增加一个业务处理类，其余一点影响都没有。

（7）敏捷开发，事实上，客户端与服务器端需要沟通的就是客户端该给服务器端发送什么样的字符串，然后服务器端会返回什么样的字符串给客户端，而且所有的模块都是这样，在时间充足时，可制定文档来约定这种通信，当时间紧迫时，事实上，只需要开发双方人员清楚，在开发过程中就没有必非要写出文档，可在事后补上。

例如，客户端现在要登录，只需发送"LoginManager ┊ login ┊ oatest2‖123456"即可，其中 oatest2 为用户名，123456 为密码。服务器端就会返回相应的信息。除此返回信息的格式之外，客户端不需要知道任何东西，当然也不需要配置。

## 8.3.4 接口

### 1. 业务接入层

业务接入层主要负责与提供基础数据的系统进行连接通信，包括与基础系统业务数据库的交互通信，与电信运营商的短消息网关的协议通信，以及与后续新业务的衔接。该层实现过程中需重点考虑业务接入的扩展性问题，即如何实现核心支撑系统针对不同的业务接口具有良好的兼容性。主要策略是保障核心系统的内部协议为相对高级且成熟的协议标准。

### 2. 信息处理层

信息处理层主要完成系统核心数据的处理和集中管理的功能。本层并不处理具体的业务内容，而是着重完成信息的存储转发，支撑互动、推送、定制类的信息业务，同时完成用户端的认证安全加密以及数据信息的过滤工作。此外也负责核心存储转发数据的计费管理。信息处理层是系统的核心部分，主要功能模块包括：消息的存储转发模块、业务处理模块、管理控制模块、信息内容过滤模块以及用户认证和安全加密模块。

### 3. 用户接口层

用户接口层对接入用户进行分类处理、分发和流控。此外预留扩展接口以便接入有特殊协议要求的用户。用户的需求在不断地增加和改变，用户也正在朝多样性发展，社会化分工的细化使得任何一套系统都不可能满足所有用户的需求。因此本系统在设计中既要考虑用户的普遍需求，开发出具有通用性的客户端软件，同时又必须针对不同用户群体和不同用户的特殊需求提供开发包来实现二次开发以满足个性化需求。

### 4. 数据提交、数据显示层

嵌入终端设备客户端信息处理层，接收数据并转换成终端设备可读取形式存储，负责与移动终端进行交互，控制移动终端设备对信息作出响应如绘制信息，处理信息，调用设备功能（照相、签名等），并将处理后的信息提交。

## 8.3.5 系统功能

### 1. 系统功能描述

根据现有系统中的功能，截取其中需要进行无线操作的功能进行功能的设计，主要包括六大部分，分别是：个人办公、公文管理、通知公告、电子邮箱管理、行政服务、工作信息查询，如图 8-15 所示。

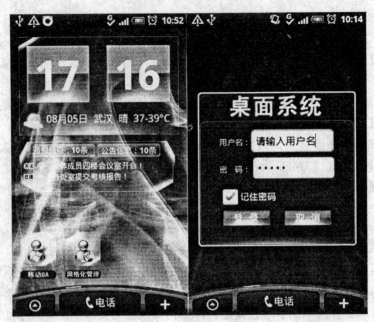

图 8-15　系统功能模块

## 2. 整体功能结构

系统采用 BS 模式，通过规范的数据接口接入移动信息管理系统，内网办公系统服务器放置在内网，MAS 服务器接入 Internet 网，如果内、外网之间需要物理隔离，通过网闸进行通信。系统整体功能结构如表 8-1 所示。

表 8-1　　　　　　　　　　　　　　　　系统功能

| 系统功能模块 | 子功能 | 说　　明 |
| --- | --- | --- |
| 系统后台管理 | 登录 | 系统后台登录 |
| | 系统后台用户管理 | 系统后台用户管理 |
| | 备份管理 | 数据库定时备份 |
| | 日志管理 | 日志统计分析 |
| | 信息管理 | 信息增加、删除，修改，查看 |
| | 天气服务 | 提供天气预报信息服务 |
| | 外接系统接口服务 | 与外部系统数据交互接口服务 |
| | Socket 服务端 | 建立 Socket 服务 |
| 手机客户端 | 程序自启动 | 手机客户端程序置入启动 |
| | GPRS 自动连接 | 程序启动后自动连接 GPRS |
| | Socket 通信 | Socket 客户端发送和接收信息 |
| | 手机端客户信息初始化 | 初始化客户用户名和密码等 |
| | APN 专线转换 | 自动切换至专线连接点 |
| | 定时连接访问信息 | 手机客户端定时下载信息 |

续表

| 系统功能模块 | 子功能 | 说　　　明 |
|---|---|---|
| 移动终端 | 天气预报 | 桌面显示天气预报 |
| | 今日时间 | 桌面显示当前时间 |
| | 自动更新 | 手机端检测新的版本将自动更新版本 |
| | 便捷信息滚动条 | 桌面滚动显示通知公告等 |
| | 查询信息及查看信息详情 | 查询信息列表，点击通知公告等信息查看详细信息 |
| | 手机登录 | 通过手机与内网 PC 端信息进行登录 |
| | 网格化管理 | 根据条件查询显示网格化系统的报表 |

　　MAS 服务器管理端程序采用 BS 结构，基于 J2EE 构建，包括邮件服务器注册、用户注册、组织信息注册、角色注册，管理行业数据推送必需的信息。

　　网格化系统是 C/S 模式的系统，系统只有通过定义查询报表的接口，提供给接口服务器，客户传入相关条件，网格化系统生成报表文件，发送给接口服务器，之后接口服务器根据请求返回给客户端。

　　根据需求对移动设备的厂家信义度、厂家服务、用户满意性、产品兼容性、普及性、功能性、稳定性、适用性、商务价值等方面。对多普达、诺基亚、三星、摩托罗拉、海信等市面上主流品牌移动设备进行了调查。最后基于手机操作系统、是否支持触屏、存储容量、是否支持 3G、产品型号与版本与系统兼容度等多方面选择了多普达作为系统适应度最高的手机。并对多普达手机的内置系统嵌入式技术做详细的调查研究，使用 Windows Mobile 6.X、ANDROID 版本环境下开发嵌入式程序，符合国际通信规范，设备可控制性高，可操作性强，信息界面，网络连接，数据存储方面都有优秀的支持。

　　本文档定义手机与 MAS 服务器的接口及 MAS 服务器与内网办公系统的接口。

　　接口服务部署在内网移动 OA 服务器上，与 H 区信息中心现有的内网办公系统服务器进行通信，同时服务器对外通过 VPN 通道与中国移动推送网关连接。

　　接口服务与内网办公系统服务器之间的数据交互采用数据包交互，数据包包括推送数据的目标接收人信息，数据包在两个服务器之间采用 TCP/IP 及 HTTP 进行传输。

　　推送接口应用于表 8-2 所示的系统业务模块。

表 8-2　　　　　　　　　　　　　　　　系统业务模块

| 业务模块 | 数据类型 |
|---|---|
| 通知信息推送 | 二进制加密数据 |
| 公文信息推送 | 二进制加密数据 |
| 天气预报推送 | 二进制加密数据 |
| 滚动信息推送 | 二进制加密数据 |
| 网格化报表推送 | XML 加密数据 |
| 其他业务拓展接口 | 二进制加密数据 |

　　内网办公系统发送信息的同时，接口服务将请求推动网关接口服务器的接口，将数据传输到移动终端。

### 8.3.6 安全性

#### 1. 安全性需求

随着互联网的迅猛发展，我国网络与信息安全问题面临着极大挑战。国家计算机网络应急处理协调中心（CNCERT/CC）网络安全报告显示，仅 2005 年就共计收到通过应急热线、网站和电子邮件等报告的网络安全事件 12 万多件（见图 8-16）。蠕虫、木马、间谍软件等恶意代码在网上的传播和活动非常频繁，并呈现出五大趋势：即时消息蠕虫迅速增多；群发邮件蠕虫虽然活跃，但较 2004 年显著减少；手机病毒/蠕虫技术进化，传播手段趋于多样化；Rootkit 技术的应用呈增加趋势，给用户清除恶意代码带来很大困难；以窃取银行账号、密码和个人信息为目的的木马和间谍软件迅速增多。日益膨胀和泛滥的木马程序不仅造成计算机被控制、面临可能造成严重后果的泄密威胁，而且更容易被黑客利用发起有组织的大规模攻击，从而严重威胁网络与信息安全（见图 8-17）。僵尸网络是网络安全所面对的另一个重大威胁，其破坏行为往往比传统的方式危害更大、更难防范。在 2005 年 5 月至 6 月间，共发现 9 个较大规模的僵尸网络，平均每天发现 9 万个活跃的僵尸程序。这些僵尸网络不断扫描扩张、更新版本、下载间谍软件和木马、发动各种形式的拒绝服务攻击[39]。

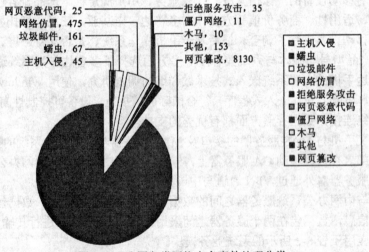

图 8-16　我国各类网络安全事件处理分类

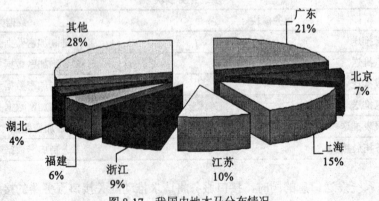

图 8-17　我国内地木马分布情况

**2. 安全策略**

为保证局内数据保密性和安全性考虑不能将数据暴露在公网上并防毒、防破、防盗，我公司将通过 APN 专线接入 W 市政务网络中心以通过政务中心外网与内网两层防火墙访问 OA 数据，过程中采用专网（APN 单位专网）、专点（专门设置数据传输点，与网络端口）、专线（营运商网络专线）、专机（专属的访问手机与计算机）、专号（专属认证的手机号）及路由 IP 协议与两层防火墙来确保数据安全性和保密性。具体安全方案内容如下：

（1）专网，W 市政务专网内部数据交互，与外网隔离。

（2）专点，系统采用协议点对点设置，专属的通信接入点，专属的端口，避免与公共端口交互。

（3）专线，由运营商提供的专用的通信线路。

（4）专机，专用的服务机、安全防护机组及移动设备。

（5）专号，用运营商统一管理的专用账户及手机号。

**3. 安全标准**

通过对国际安全标准 ISO 15408 学习与研究。结合现有资源实现满足国际标准的安全系统策略，基本内容与要求如下：审计、通信、密码支持、用户数据保护、鉴别和认证、安全管理、隐私、安全功能保护、资源利用、访问、可信通道/信道。

通过对以上标准学习与研究实践作出以下策略内容：

（1）审计：确保数据交互在安全内容通过数据验证与检查审核并保持数据监视，防止外部非认证交互操作。

（2）通讯：任何通过我方协议端口信息都必须提供不可否认协议证明。我方通信系统内部协议内容经政务网络中心接受后方可进行通信，否则不可接受。

（3）密码支持：密码密钥管理、密码操作。

（4）用户数据保护：访问用户所在网络控制采用内容专线，用户访问功能控制通过系统内部签订入口与出口鉴别访问操作性并作访问控制与调配，内部网络与外部网络安全隔离保护数据在交互过程中安全，多层防火墙防护。内外信息交互加密，并进行身份验证。

（5）鉴别和认证：通过区别发送方传送通道与发送信息内容来识别信息安全性，如识别为不安全信息将拒绝访问来保证安全，识别成功则进一步进行用户属性认证识别。

（6）安全管理：安全功能的管理、安全管理角色、分级分段对用户可操作数据进行管理。

（7）隐私：屏蔽临时访问，拒绝陌生来客。

（8）安全功能保护：输入输出数据信息可用性、可靠性、完整性识别，拒绝非法数据字符进入数据中心，内部网络数据传输安全，如数据异常可进行物理保护如断电、可信恢复。

（9）资源利用：系统内容错误处理，以及错误信息维护，系统内部还定义了重要消息优先处理机制，达到逻辑系统资源最大化利用。

（10）访问：访问标志、访问历史、session 建立，记录在系统运行中的操作记录。

（11）可信通道/信道：内部可信通道、专设可信通道。

## 8.4　本章小结

基于无线网络的移动 OA 系统，是以智能手持终端作为移动数据终端，通过无线网络接入到现有 OA 的后台服务器，完成查询、邮件处理、公文审批等功能，从而实现工作人员随时随地处理各项办公事宜的新型服务系统。

本章对移动 OA 系统的后台实现和客户端手机桌面设计进行了详细阐述。构建了移动 OA 的体系框架、逻辑结构和业务流程，设计并实现了系统中的各个功能模块，包括认证管理、数据加密、通讯录、邮箱、网络及安全方案以及系统性能等。在移动手持设备端，设计了桌面管理模块的体系结构、框架流程、接口、系统功能和安全方案，实现了个人办公、公文管理、通知公告、电子邮箱管理、行政服务和工作信息查询六大功能模块，保障用户方便快捷地使用移动 OA 服务系统。

# 参 考 文 献

[1] 郑重. 移动办公触动谁的神经. 互联网周刊，2007（12）:16-18.

[2] 李福东. 移动办公平台架构研究与实现. 学位论文, 2008（03）.

[3] Kane Mephis. The key of Choice for mobile terminals in mobile office automation system. IT Time Weekly. 2007，20:78-79.

[4] Yuan Liu，Xiaoyi Wang. Comprehensive model of the faetors affecting user acceptance of office automation system in Chinese government environment., Journal of Computational Information Systems. 2007, 3(l):253-262.

[5] Clint Smith，Daniel Collins. 3G Wireless Networks, 1st Edition. McGarw-Hill，2003.

[6] 徐维华. 中国移动无线局域网建设模式探讨. 移动通信, 2009(01).

[7] 韩斌杰. GPRS 原理及其网络优化（第一版）. 北京：机械工业出版社, 2003.

[8] 梅玉平. 3G 的业务及管理. 北京：人民邮电出版社, 2007.

[9] 田辉等. 3GPP 核心网技术. 北京：人民邮电出版社, 2007.

[10] 金明，王文博，彭木根. TD-SCDMA 系统多频点组网研究. 中兴通讯技术, Vol.16，No.4, 2010(08).

[11] TD-SCDMA 关键技术和特点分析. 贵州省通信学会. http://www.icgz.org.cn/news/2007 11281011148943_0.html.

[12] 李晓丽. 浅析 TD- SCDMA 系统的特点与关键技术.无锡南洋学院学报, 2008（03）.

[13] R.J. (Bud) BateS. 通用分组无线业务(GPRS)技术与应用. 北京：人民邮电出版社, 2004.

[14] 芦艳芳. TD-SCDMA 的智能天线技术. 通信电源技术, 2010（04）.

[15] 邹涛. 网络与无线通信技术. 北京：人民邮电出版社, 2004.

[16] 李俊旭. WEB 服务单点登录模型的研究及在 MAS 中的应用. 解放军信息工程大学硕士论文, 2009(04).

[17] 王曼莉等. 移动代理服务器的研究与设计. 北京工商大学学报（自然科学版），Vol.27, No.2, 2009(03).

[18] 李亚晖，杨卫东，马建峰. 一种高效的 3G-WLAN 互联网络认证协议. 西安电子科技大学学报（自然科学版）, Vol. 35, No. 3, 2008(06).

[19] Dale Bulbrook. WAP 实用指南. 北京：清华大学出版社, 2003.

[20] 多媒体消息系统结构. 北京：人民邮电出版社, 2002.

[21] 陈亮等. 基于统一账号认证的无线接入综合管理平台. 中国移动通信集团广东有限公司专栏， 2010(06).

[22] 中国移动 PishEmail 业务客户端规范. 中国移动通信企业标准 2.1.0, 2008.

[23] 敖国勇. PKI/CA 体系在银证通业务中的应用研究. 华南金融电脑，2007(05).

[24] 李建林. 基于 PKI 的移动 OA 安全模型研究及在海关中的应用. 学位论文, 2004(12).

[25] 许多. RADIUS 认证介绍. 中国有线电视, 2007(02).

[26] 唐佳佳. 基于 WAP_AAAde IKEv2 协议研究与设计. 苏州大学硕士学位论文, 2007(04).

[27] 王芳等. 无线城域网络安全架构及其认证方法研究. 江苏科技大学学报(自然科学版), 2007(10).

[28] 张亮良. 基于 Qtopia 的移动 OA 系统设计与实现. 学位论文, 2008(12).

[29] 李福东，吴伟明. 移动办公平台架构及关键技术. 办公自动化, 2008(02).

[30] 张传福. 无线接入为企业搭建 VPN. http://industry.ccidnet.com/pub.article.c786_a9330_pl. html, 2002.

[31] 王达. 虚拟专用网(VPN)精解（第一版）. 北京：清华大学出版社, 2004.

[32] 刘红梅，李玉忱. 基于 GPRS 和 WAP 的移动办公系统解决方案. 信息技术与信息化, 2006, 12(l):24-26.

[33] 张新长，杨大勇. 基于集成技术的办公自动化信息系统开发与研究. 中山大学学报, 2002, 41(21):138-140.

[34] 王森. Kjava 深入浅出—Java 在 PDA 上的程序设计（第一版）. 北京：科学出版社, 2001.

[35] Harri Holma，Antti Toskala. WCDMA FOR UMTS—Radio Access for Third Generation Mobile Communications, Second Edition. Joley & Sons, 2004.

[36] Lonnon R. Foster & Lonnen Foster. Palm 0S 编程实用大全（第一版）. 北京：水利水电出版社, 2001.

[37] 田东风. Windows CE 应用程序设计（第一版）. 北京：机械工业出版社, 2003.

[38] 张勇. 移动办公系统实现的方案及实践. 湖北电力, 2007（02）.

[39] 信息安全现状及其保障工作——摘自《中国信息化发展报告 2006》. 电力信息化, 2006 (09).

重点大学计算机教材

# 第9章 城市交通综合信息库的分析与设计

本章实践案例是基于 GIS 思想和技术，采用电子地图作支撑，用于城市交通规划的信息服务系统。该系统在我国正处于初步研究阶段，是智能交通系统（ITS）在城市交通服务领域内的重要应用。它能够通过整合历年国民经济统计、交通运输、交通基础设施、出行特征、出行成本及政策法规等数据，实现数据存储、维护及更新、统计分析、查询、图数互动、专题图制作、与交通规划软件数据兼容等功能，为交通规划提供翔实、高效的基础数据及统计分析成果，支持城市交通规划科学化、信息化进程。

## 9.1 服务需求分析：信息库构建目的和意义

### 9.1.1 城市交通相关信息化建设进程

#### 1. W 市数字城市规划与建设情况

W 市城市规划信息化建设 22 年来，建立了全国首个数字城市空间数据基础设施，已广泛应用于城市管理和服务领域，为 W 市经济社会协调可持续发展和建设作出了重要贡献。信息化建设以创新的理念、开放的思维、前瞻的视野、科学的眼光，坚持自主创新，引领全市数字建设，构建了"1 个中心、2 项工程、3 个平台、4 个体系"的工作框架，打造了数字空间数据基础设施建设、网站、数字执法等一批领先全国的精品品牌，有力推进了全局信息化建设的协调发展，开创了 W 城市规划信息化建设新局面，取得了许多重要成果，为服务 W 市建设、提高政府行政效能、促进政务公开、提供便民服务发挥了重要作用。

"十一五"期间，规划局将在坚持"1 个中心、2 项工程、3 个平台、4 个体系"的基础上，以理顺规划编制体系为契机，深化城市规划信息整合；以贯彻落实国家电子政务总体要求为框架，深化信息化工作体系的完善工作；以"数字 W 市"工程应用为驱动，深化社会经济信息的集成与应用；以提升规划管理行政能力为根本，深化规划信息化的和谐与创新，将 W 城市规划信息化建设推向新的高度。

如今通过"数字规划"，工作人员只需要调用计算机中的数据，即可得出准确的判断。同样，群众审批项目不再多跑冤枉路，只需在网上点击鼠标，就可以清楚地知道需要哪些具体材料，并可在网上直接查询"在建项目"、"规划拆迁信息"等。除"数字规划"工程已经应用于办公平台和公众服务平台外，W 城市规划信息化的"数字城市"工程，也开始服务于城市建设和管理，"数字地理空间信息平台"已广泛应用于城市规划、国土资源管理、市政建设监管、城市交通监管等领域。

#### 2. W 市交通信息化建设与应用现状

近几年，W 市交通基础设施建设发展迅猛，"十五"期间总投资达 140 多亿元。在信息化建设上，W 市交委相继建成了 W 交通信息中心网络平台，开通了"交通政务网站"，市交委机关办公自动化系统已挂网运行，直属企事业单位全部建设了局域网。全市 1.2 万辆出租车全部安装了税控计价器打印发票，公交"黄鹤一卡通"发行量已突破 150 万张。市交委还投资上百万元建成了 GIS 地理信息系统，只需上网点击鼠标，全市农村公路网络分布、已建和在建里程等信息一目了然。

W 市规划局已经在网上进行相关道路、轨道等交通设施规划审批的宣传和查询系统建设，能够使居民很便利地查询相关规划信息。

W 市交管局全市安装了路口监控系统，能够有效地对全市重要路口的交通运行状况进行实时监控，及时发现问题并解决；同时通过 W 市交通广播电台进行交通运行状况的报道，让市民能够及时了解城市交通状况，为出行选择便利线路；建设了汉口区域控制系统，均衡区域交通流量分布，缓解了交通压力，并能够实现控制路口交通流量的采集工作。

通过上述种种措施的共同实施，较好地实现了城市和乡村交通信息的共享，为交通的正常运行提供了强有力的保障，把现代信息技术较好地运用到城市交通的规划、建设和管理上。但从总体上看，由于在建设中对信息化资金投入不足，导致 W 市交通信息化建设相对滞后，"信息孤岛"现象比较严重，交通信息化建设在全国同类城市中处于中游水平。

W 市交通信息化建设需要规划局、交委、建委和交管局等相关的规划、建设和管理部门的大力支持，实现交通设施的规划、建设和管理资源的共享。同时要建设城市网格化管理系统、城市规划管理信息系统、专项交通信息系统等，满足不同用户需求，实现交通信息资源的有效合理利用，为城市交通规划、建设、管理部门和交通使用者提供便利的服务。

**3. W 市网格化管理系统基础情况**

2005 年，W 市被建设部列为首批数字化城市管理试点城市之一。以数字地理空间信息共享平台为基础，构建了全市统一的城市网格化管理与服务系统，并在全市推广应用。这个信息平台的主要内容可以用"六个一"来概括：一个数据中心、一个网络体系、一套数据标准、一套更新维护机制、一种在线网络服务模式、一个共享服务平台。

第一，一个数据中心。就是集成城市基础空间信息和专题信息的数据管理中心。数据中心集成了 W 市全市 8649 平方公里范围内的一年的九大类 30 余种城市空间基础和专题信息。具体包括基准数据、扩展地图数据、遥感影像、地下管线、地理数据、城市总体规划、规划道路、控制规划、土地运营总体规划、土地利用现状、城中村调查、地级地震，等等。建立了丰富、翔实的城市空间数据库，总数字量超过 300GP，实现了海量数据的集中统一管理。

第二，一个网络体系。网络平台选择，W 市有线宽带 IP 为无线网，来连接数据生产和管理、使用的相关部门局域网，为保障信息安全，W 市有线网络提供了安全服务及 W 市有线在等网边缘路由器上，定义了专门虚拟的通告标记，使非授权访问不可能截获或正确解开数据包，从而避免了风险。同时，为了保障数据安全，避免内部配置错误导致的违法用户访问，对空间数据服务进行网络加密，如此两重安全机制，确保了数据安全。由于采用了公共网络资源，使对数字空间服务链的拓展方便。

第三，一套数据标准。城市空间数据基础设施的建设、管理和应用涉及城市建设和管理的方方面面，其工作的标准、规范也来源于各个行业和部门。其中，最基础、最集中的标准规范来自城市建设、国家社会、国土资源和信息产业等领域。我们在贯彻这些部门的要求的同时，结合 W 市的实际情况，及时总结归纳，形成了建设地理空间信息共享平台的工作框架、实施细则、数据标准和技术要求等相关要求和标准。

第四，一套更新维护机制。通过数字地理空间信息共享平台的建设工作，我们建立了一套完整的数据管理和更新维护机制。在组织管理上，采用了集中建库管理、分工更新维护的工作模式。空间数据集中存储在规划局信息中心，市局信息中心规划院，保证了数据的现实性和一致性。在数据的组织方法上提出了分层存储、分幅更新的数据组织与更新策略，兼顾了数据生产、数据管理的需要，提高了数据的合理性和科学性。

第五，一种在线网络服务模式。我们通过城市宽带网络，向用户提供实时的城市空间数据的在线服务，实现了空间数据的共享公用，采用这种共享服务模式，全市集中维护一套城市空间数据，用户在直接调用各种空间数据的基础上，建立和维护各自行业的专业应用，降低了成本，提高了效率。

第六，一个共享服务平台。地理空间信息共享平台是空间数据集成管理和应用平台，为各类专题应用建设提供了统一的基础框架，通过这个平台，不但可以提供数据服务，也可以提供功能服务。

### 4. 城市综合交通模型建立与应用情况

（1）模型软件平台和模型结构。

在1998—1999年综合交通调查及公交客流调查的基础上，W市引进EMME2软件，并建立了初步完善的W市交通预测模型。2001—2002年，通过世界银行贷款W市交通建设项目，在世界银行专家的帮助下完成了车辆模型与客流模型之间的衔接，增强了模型的敏感性，2007年将已有的EMME2软件升级为EMME3。

模型由客流模型和车辆模型组成，即模型是在人员出行调查和车辆出行调查的基础上分别建立的，但与其他城市不同的是，车辆模型与客流模型之间的相互联系更为紧密，如由人员出行方式划分所得的客车（泛指客车、出租车、摩托车等，下同）方式总量，决定了车辆生成总量，等等。如图9-1所示。

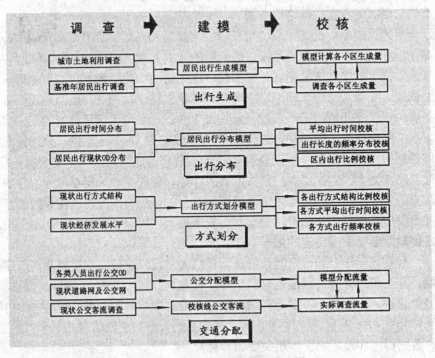

图9-1 客流预测模型建立思路图

（2）模型输入输出数据项列表。

①输入数据。模型输入数据项主要包括：路段、节点、公交网络、轨道网络、交通分区、社会经济发展现状及预测、出行 OD 等，详见表 9-1。

表 9-1　　　　　　　　　　　　　　　模型输入数据项列表

| 输入数据类别 | 数据项 |
|---|---|
| 路段<br>（含桥梁） | 路段编码 |
| | 路段起始节点 |
| | 路段终点节点 |
| | 道路等级－城市道路等级划分及公路等级 |
| | 路段形式－地面/高架/桥梁/跨线桥/隧道/入口匝道 |
| | 道路宽度 |
| | 行车道宽度与数量 |
| | 非机动车道宽度 |
| | 人行道宽度 |
| | 货运车辆限制规则 |
| 节点 | 交叉口节点编码 |
| | 公交节点编码 |
| | 车道变化节点编码 |
| | 断头路节点编码 |
| | 行心节点 |
| 公交网络 | 线路编码 |
| | 线路走向-途径路段与节点 |
| | 线路发车频率、运营车速 |
| | 站点－编码 |
| 轨道网络 | 线路编码 |
| | 线路走向-途径路段与节点 |
| | 发车频率、运营车速 |
| | 站点－编码 |
| 交通区划 | 交通小区代码 |
| | 交通中区代码 |
| | 交通大区代码 |
| | 大、中、小区代码对应 |

续表

| 输入数据类别 | 数据项 |
|---|---|
| 社会经济 | 交通小区人口 |
| | 交通小区户数 |
| | 交通小区就业人口 |
| | 交通小区面积 |
| 土地利用 | 土地利用类别 |
| | 各类用地面积 |
| OD | 出行 OD 矩阵 |
| | 车辆 OD 矩阵 |

②输出数据。道路交通流量预测、道路运行状况评价、公交客流分配、轨道交通客流分配、居民出行全目的发生模型校核、居民出行全目的吸引模型校核、居民出行期望线路、居民各方式出行比例-距离关系、全方式计算 PA 与调查 PA 拟合（全目的）、分方式分目的的出行拟合、客车方式发生/吸引比例与公交可达性、自行车-公交方式转移、公交方式计算 OD 与调查 OD 出行频率分布验证、居民出行调查流量与分配流量的校核误差、车辆（分车种）生成校核、车辆（分车种）出行分布校核、车辆调查流量与分配流量的校核误差、车辆出行时间分布、道路交通流量时间分布、各车种高峰 OD 分配校核、居民出行时间分布、公交客流时间分布等。

（3）模型应用的领域。

城市综合交通模型已经成功运用于 W 市轨道网规划、内环线交通整治、二环线规划建设、过江通道规划建设、W 市快速公交规划、W 市城市交通发展战略研究、新区综合交通规划等一系列城市交通规划，为重大建设项目的研究提供了强有力的支撑。

### 9.1.2  城市交通信息库建立目的

本案例主要有两个整体目标：第一，制定 W 市交通规划信息库框架体系，集成现有的交通规划基础信息资料，建立完善的维护及更新机制，支持构筑交通决策科学化研究平台构建；通过开发信息系统与交通规划软件数据接口，实现数据兼容，提高模型更新效率、共享与交换，实现各阶段结果存储。增强交通规划机构的信息化技术力量，以便更好地为交通规划事业服务。第二，在项目实施阶段，支持世界银行各子项目。

在战略层面，首先对"W 市交通规划信息库"进行功能定位，明确其在整个交通信息化和交通规划与设计工作体系中的角色和位置。该信息库应该作为"W 市交通规划决策支持系统平台"的集成信息数据平台，按照交通规划决策支持系统平台的规格进行系统定位和功能设计。

在战术层面，有效分解战略目标，提出对策，选取适当开发方法与技术手段统一规划、设计 W 市交通规划信息库。主要体现为：①基于城市交通规划工作流程和主要环节明确数据需求和数据结构；②基于 GIS 技术架构实现交通信息管理、处理、分析应用等功能；③基于用户群特征定制查询分析界面、操作流程和运营维护机制。

纵观 W 市城市交通规划设计工作体系和城市交通信息化进程，W 市交通规划信息库在此大环境中定位将体现为"两个支持"，如图 9-2 所示。

支持"W 市交通规划决策支持系统"建设需求——该决策支持系统将以信息库和城市综合交通分析模型为核心要素，对制定城市交通发展战略和重大政策，编制城市综合交通规划和各分系统专项规划，交通建设项目工程可行性研究等提供翔实的基础资料和科学化测评手段，推进政府科学民主决策进程，交通信息库在该系统中将起到信息集成管理平台的作用。

支持规划局和相关单位的信息共享需求——包括城市规划、建设、运营、管理相关部门业务系统对交通基础信息的共享需求，并考虑潜在的公众服务需求，交通规划信息库将和其他专业信息系统共同构成城市综合交通信息平台。

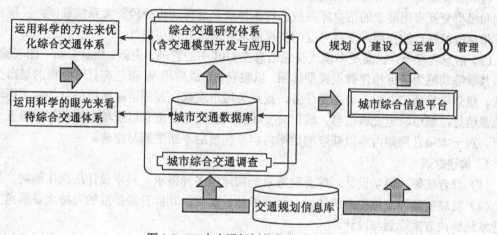

图 9-2　W 市交通规划信息库系统定位

# 9.2　服务建模与设计：信息库开发综述

## 9.2.1　构建基础

W 市交通规划信息库旨在整合、集成应用 W 市现有的城市规划信息、城市管理信息、交通信息化数据资源的基础信息，为交通综合规划提供决策支持服务，已有信息资源的整理、统一、入库等工作是构建 W 市交通规划信息库的基础，主要包括：

（1）W 市交通规划体系的体制环境、工作流程。

（2）W 市城市地理信息系统（Urban Geographic Information System, UGIS）建设现状，及其主要交通信息资源内容、格式等。

（3）W 市网格化管理系统建设现状，主要调研城市网格化管理的"万米网格"划分情况，城市部件中交通系统部件的种类、编码、存储、更新等基本情况。

（4）W 市城市规划管理信息系统的 GIS 建设现状，其中人口、土地利用、道路工程项目、轨道交通规划项目等信息资源的内容、格式、更新机制等。

（5）W市综合交通规划与交通发展战略规划研究的现状，重点为W市现有综合交通规划模型的构建、应用基础现状。

（6）历年交通调查信息：城市现状、规划道路网络信息、历年交通流量信息、轨道交通规划信息、城市公交线网、公交站点信息、城市停车信息。

（7）其他关联信息系统数据：主要是世界银行资助的交通子项，如道路建设、交通监控管理信息系统、先进的公共交通等信息系统。

### 9.2.2 构建机制与原则

#### 1. 构建机制

依据TOR要求及信息库主要服务对象特点，数据库构建机制采用"分阶段扩充模式"，主要表现为：

（1）系统架构上，考虑现实的主客观条件和用户需求，以单机为先导，先构建迎合交通规划和模型交互应用需求的信息库系统，待条件成熟后再逐步分段扩大系统规模，实现交通基础信息资源平台的作用，支持可能的共享需求和增值开发可能性。

（2）信息内容上，以满足多模式交通信息在GIS中的管理、更新、统计分析、图表输出、模型共享等功能为目标构建数据模型体系，以整合、集成应用W市已有且可获得的城市交通现状、规划与管理信息资源为主要任务，重点为城市现状、规划道路网络信息，城市历年交通流量信息，城市轨道交通信息，城市公交线网、公交站点信息以及城市停车信息等五大类信息，对于本项目周期内难以获取的数据内容，在日后不断更新与完善。

#### 2. 构建原则

（1）综合统筹、科学设计：综合统筹系统构建的多元需求，科学设计层次化结构。

（2）发展前瞻性：站在系统建设、运营维护、实用、功能升级扩展的可持续发展角度，进行系统解决方案规划与设计。

（3）功能实用性：有效、实用是系统功能设计的首要目标，需要充分结合交通规划信息库的一般需求与W市对交通规划信息的特殊需求，设计开发实用功能。

（4）方案成熟性：科学选型，采用成熟的系统解决方案。

（5）运行稳定性：进行系统硬件（运行环境）与软件结合的科学设计，保障系统稳定运行。

（6）系统可扩展性：运用模块化响应系统建设的前瞻性原则，选取可扩展性好的解决方案，并预留扩展接口。

（7）标准化：标准化是信息共享、有效利用的基本要求，需要在数据编码、图示等方面推动交通信息标准化发展。

（8）界面友好和系统安全：保障用户使用的方便性和访问安全性，并体现分析成果的直观性。

### 9.2.3 开发思路

#### 1. 技术要求

交通规划信息库的开发，一方面需要建立在广泛深入的用户需求调查研究基础上，另一方面需要以系统工程为指导思想，借鉴软件工程的理论与方法，做到有章可循。因此，在技术设计方面，应实现的技术要求为：

（1）满足用户使用环境要求，选择满足当前需求且有扩展可能的软硬件为系统开发平台。

（2）在提供 GIS 数据库基本功能的基础上，以满足下一阶段交通建模和模型应用需求、支持对数据的空间分析为主要功能要求，建立功能体系。

（3）充分顾及系统的规范化、标准化和扩展应变要求，为系统信息共享与系统的升级、联网和功能扩展奠定技术基础。

（4）系统应具有开放性，既提供专业化实用化功能，又能为用户提供进行系统管理与维护及自行开发应用功能的工具。

（5）系统运行方式上，用户界面美观实用、图标语言标准化、术语名词业务化，充分采用窗口、菜单、鼠标等易操作工具，为用户提供最大便利。

**2. 开发模式**

从现有系统开发模式类型而言，主要有原型开发、集成开发以及应用开发三类，各类别特点如下：

（1）原型开发：采用 ArcEngine，ArcObject 和其他编程语言，脱离 ESRI 公司现有产品进行全方位开发。

（2）集成开发：在 ESRI 公司现有的产品平台上，采用 ArcObject 和其他编程语言，对 ESRI GIS 产品和现有的交通规划软件进行功能拓展和集成。

（3）应用开发：在现有交通规划软件平台上，采用 ArcObject 和其他编程语言，开发拓展其地理信息系统应用功能。

本系统的开发模式将以集成开发为主，同时根据功能需求特点考虑结合相应的应用开发和原型开发要素。

## 9.2.4　设计开发流程

为高质量按期顺利完成项目成果，我们结合本项目呈现的各类研究，制定了咨询工作完整的技术路线见图 9-3。技术路线对 TOR 中主要研究内容和细部任务划分进行了重新整合，使之更具有可实施性，且至少包含所有要求研究内容。项目研究主要分总体策划、系统设计与数据收集、系统开发与运行三个阶段进行。

总体策划阶段主要完成任务 1、任务 2 及任务 3，了解 W 市城市、交通及信息化建设情况，确定系统需求、数据项及数据逻辑，拟订系统构建流程及数据收集实施计划，提交开题报告及系统需求说明书。系统设计与收据收集阶段是系统设计的核心阶段，该阶段主要完成任务 4、任务 5、任务 6 及任务 7，确定系统结构、功能结构及数据结构，完成基础数据的收集，开发实验系统，实现信息库系统的基本功能结构，提交关键报告 1 信息库系统简介与使用说明，技术报告信息库总体设计报告及实验系统。系统开发与运行阶段为信息库系统的完善与阶段，系统范围将扩展至市域，主要完成任务 8 及任务 9，根据专家意见对实验系统存在的问题进行完善与优化，同时对于移植至市域范围的系统程序存在的问题进行调试，将数据收集成果录入信息库系统，提交关键报告 2 综合交通基础信息数据库报告，技术报告信息库系统开发报告及信息库系统最终成果。

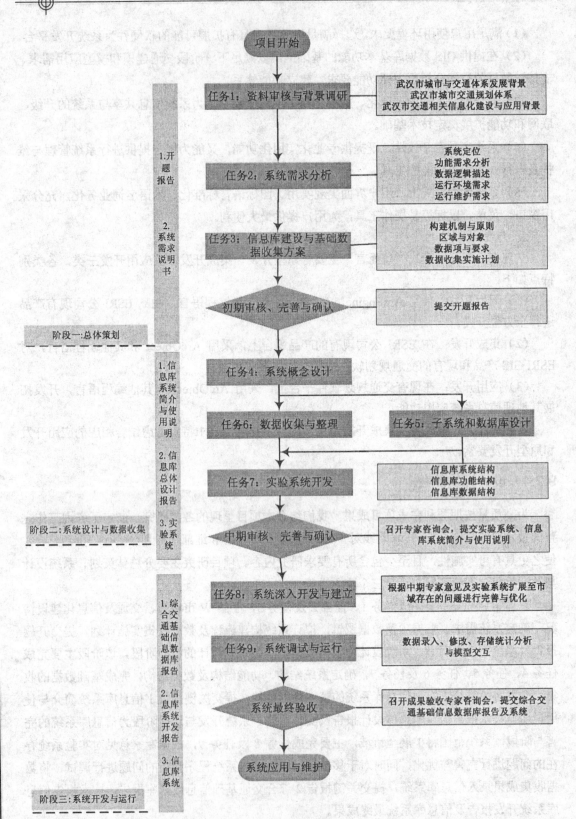

图 9-3  W市交通规划信息库咨询工作技术路线

## 9.3 服务构建库设计：基础信息搜集与整理

### 9.3.1 信息源分布及格式

#### 1. 区域与对象

本次研究的数据收集区域以 W 市主城区为主，收集的对象包括与城市交通规划相关的社会经济、土地利用、道路、轨道、公交、对外交通枢纽、停车、交通管理设施布局、交通量时空分布、居民出行 OD 等内容。

#### 2. 数据项与要求

基于信息库需求构想和数据逻辑描述，本次研究需要进行的基础信息的调研与搜集工作主要包括：

（1）W 市城市规划管理信息系统的 GIS 建设现状，其中人口、土地利用、道路工程项目、轨道交通规划项目等信息资源的内容、格式、数据项说明、更新机制等。

（2）W 市网格化管理系统建设现状，主要调研城市网格化管理的"万米网格"划分情况，城市部件中交通系统部件的种类、编码、存储、更新等基本情况。

（3）W 市综合交通规划与交通发展战略规划研究的现状调研，重点调研 W 市现有综合交通规划模型的构建、应用基础现状。

（4）历年交通调查信息搜集汇总、整理入库：基于 GIS 的统一信息平台，搜集整理历年交通调查信息数据，录入规划信息库。

（5）其他关联信息系统数据：主要是世界银行资助的交通子项，如交通监控管理信息系统、先进的公共交通等信息系统，调研这些系统与交通规划相关性较强的基础交通信息，争取汇总录入交通规划信息库中。

### 9.3.2 信息收集与整理进程

#### 1. 数据收集计划

由于交通规划信息库所需数据涉及社会经济、道路、公交、交通管理及相关流量等信息，涉及部门较多，数据信息量大，因此为便于数据收集开展，拟定相关部门、其在项目中承担的角色、能够提供数据信息情况如表 9-2 所示。

表 9-2                         主要参加部门及承担角色

| 部 门 | 拟承担的角色 |
|---|---|
| 规划局 | • 交通相关规划的实施方以及相关数据的使用方<br>• 建议牵头单位，负责组建工作小组和专家小组，对各阶段的技术组织工作进行整体策划和推进<br>• 提供路网现状和规划图，用地现状和规划等资料<br>• 提供相关交通需求特征资料<br>• 提供相关交通流信息资料 |

续表

| 部 门 | 拟承担的角色 |
|---|---|
| 交委 | ● 货运物流信息的拥有方、枢纽信息与交通运营费用信息的掌握方和交通行业统计以及信息引导方<br>● 提供高等级公路流量数据<br>● 提供轨道和常规公交运营数据 |
| 建委 | ● 城市建设信息工作的管理方<br>● 协助收集本次调查所需相关资料（道路断面布置等） |
| 公安局交通巡警支队 | ● 交通管理以及交通控制措施信息的掌握方 |
| 统计局 | ● 提供相关的人口、就业、社会经济等的统计资料 |
| 公安局 | ● 提供街道、居委会的行政界线和人口资料<br>● 提供停车场特征信息 |
| 城管局 | ● 网格化系统分区与人口、就业等基础资料 |
| 铁路办、民航办 | ● 提供铁路、民航客货运输相关统计数据资料<br>● 铁路、民航建设"十一五"规划<br>● 铁路、民航建设计划<br>● 城际铁路相关规划 |

数据收集及整理是本项目的重要组成部分，由于其执行周期长，涉及部门多，协调工作量及数据甄别工作量大，拟定翔实的收集计划，明确收集项目分类、提出收集要求、数据格式，策划收集形式，指定收集部门，确定收集时间段对于项目的顺利开展十分重要。本次数据收集详细计划如表 9-3 所示。

表 9-3 数据收集计划

| 收集项目 | 收集要求 | 数据格式 | 收集形式 | 信息源 | 收集时间 |
|---|---|---|---|---|---|
| 现状路网 | 路段中心线线形及节点图典型横断面示意图 | CAD 或 GIS | 资料搜集与整理，必要的现场踏勘 | 规划局 | 2008.2—2008.4 |
| 公交网络 | 线路走向、场站布局、线路运营 | CAD 或 GIS 和统计数据 | 资料搜集与整理，必要的现场踏勘 | 公交公司 | 2008.2—2008.4 |
| 轨道网络 | 线路走向、场站布局、线路运营 | CAD 或 GIS 和统计数据 | 资料搜集与整理，必要的现场踏勘 | 地铁集团 | 2008.2—2008.4 |

续表

| 收集项目 | 收集要求 | 数据格式 | 收集形式 | 信息源 | 收集时间 |
|---|---|---|---|---|---|
| 停车设施 | 停车场点位分布、面积、停车泊位数、收费标准、运营管理等 | CAD或GIS和统计数据 | 资料搜集与整理，必要的现场踏勘 | 交管局 | 2008.2—2008.4 |
| 对外交通枢纽 | 铁路、港口、客运站和机场的点位分布、规模、历年客流数据、运送能力 | CAD或GIS和统计数据 | 资料搜集与整理，必要的现场踏勘 | 交委、铁路办和民航办 | 2008.2—2008.4 |
| 交通区划 | 交通小区、中区和大区代码 | CAD或GIS的边界图及代码表 | 从模型调出 | 交通模型 | 2008.2—2008.4 |
| 行政区划 | 行政区名称、编码 | CAD或GIS的边界图及代码表 | 资料搜集与整理 | 公安局 | 2008.3—2008.5 |
| 规划分区 | 核心区、中心区、主城区、外围区的名称和代码 | CAD或GIS的边界图及代码表 | 资料收集与整理 | 规划局 | 2008.3—2008.5 |
| 社会经济 | 交通小区人口、户数、就业与就学人口、小区面积 | 统计表格 | 资料收集与整理 | 统计局 | 2008.3—2008.5 |
| 土地利用 | 土地利用类别和各类用地面积 | 统计表格 | 资料收集与整理 | 规划局 | 2008.3—2008.5 |
| 其他空间信息 | 铁路、河流走向 | 铁路、河流走向图（CAD或GIS）和统计表格 | 资料收集与整理 | 规划局 | 2008.3—2008.5 |
| 流量 | 路段、桥隧流量、交叉口流量、轨道交通流量、公交流量 | 统计表格 | 现场调查、资料的收集与整理 | 交通模型、交管局、地铁集团和公交公司 | 2008.3—2008.5 |
| OD | 居民出行和车辆出行OD | 统计表格 | 从模型调出 | 交通模型 | 2008.3—2008.5 |

### 2. 数据整理进程

从数据收集结果来看，共有四种数据格式：CAD、GIS、图片、数据表格及文本。鉴于上述交通信息数据的多源性，需要在"W市交通规划决策支持系统"总体框架的指导下，依照交通规划信息库的总体功能模块结构，按照相关的数据标准体系和数据库标准，进行统一整理，建立如下基础数据列表。

（1）元数据 Metadata 列表：标明数据来源、数据参照、数据精度、更新频率等，如表 9-4 所示。

表 9-4                                   元数据列表

| 数据名称 | 数据来源 | 数据格式 | 数据参照 | 数据精度 | 更新频率 |
|---|---|---|---|---|---|
| 现状路网 | 规划局 | CAD、GIS | CAD 为常规坐标系 GIS 为北京坐标系 | 5mm | 3 个月 |
| 公交网络 | 公交公司 | 公交线路及站点统计表 | | | 6 个月 |
| 轨道网络 | 地铁集团 | CAD、线路及站点统计表 | 常规坐标系 | 5mm | 1 年 |
| 停车设施 | 交管局 | CAD | 常规坐标系 | 5mm | 1 年 |
| 对外交通枢纽 | 交委、铁路办和民航办 | CAD | 常规坐标系 | $0.1m^2$ | 1 年 |
| 交通区划 | 交通模型 | CAD | 常规坐标系 | $0.1m^2$ | 与区划设置同步更新 |
| 行政区划 | 公安局 | CAD | 常规坐标系 | $0.1m^2$ | 与区划设置同步更新 |
| 规划分区 | 规划局 | CAD | 常规坐标系 | $0.1m^2$ | 与区划设置同步更新 |
| 社会经济 | 统计局 | 统计表格 | | | 与相关调查同步更新 |
| 土地利用 | 规划局 | CAD 及统计表格 | 常规坐标系 | $0.1m^2$ | 6 个月 |
| 其他空间信息 | 规划局 | CAD、GIS | CAD 为常规坐标系 GIS 为北京坐标系 | $0.1m^2$ | 与相关信息系统同步更新 |
| 流量 | 交通模型、交管局、地铁集团和公交公司 | 统计表格 | | | 与相关调查同步更新 |
| OD | 规划局 | 统计表格 | | | 与相关调查同步更新 |

鉴于现状路网及其他空间信息均有 CAD 及 GIS 两种版本数据，而本系统的建立本身为基于 GIS 系统，因此为避免数据处理的重复性，降低数据处理难度，特此选用 GIS 数据为建库之本，其他相关数据则采用导入或手动录入方式输入数据库。CAD 文件在导入 GIS 库之前需进行坐标变换，将数据坐标平移将坐标原点定位在（0，3000000）。

（2）数据字典 Data Dictionary：说明数据项 Field 的名称、格式、范围、精度、存储表格等基本内容，如表 9-5 所示。

通过元数据列表分析可知，信息库数据基本由点、线、面及统计表格三种数据构成，为便于数据管理，特此建立如下数据字典。

表 9-5　　　　　　　　　　　　数　据　字　典

| 数据格式 | 数据项字段名 | 数据范围 | 存储精度 | 存储表格 |
|---|---|---|---|---|
| 点 | 路口（Node） | 市域 | 0.1m | Node |
| | 公交站点(BusStop) | 市域 | 0.1m | BusStop |
| | 轨道站点（RailStation） | 市域 | 0.1m | RailStation |
| | 调查点(Count-SurveyV) | 市域 | 0.1m | Count-SurveyV |
| 线 | 路段（Link` | 市域 | 0.1m | Link |
| | 公交线路（BusLine） | 市域 | 0.1m | BusLine |
| | 轨道线路（RailLine） | 市域 | 0.1m | RailLine |
| | 查核线（ScreenLine-SurveyV） | 市域 | 0.1m | ScreenLine-SurveyV |
| | 铁路（RailWay） | 市域 | 0.1m | RailWay |
| 面 | 行政区划（ZonePoli） | 市域 | 1m$^2$ | ZonePoli |
| | 交通区划（Zone） | 市域 | 1m$^2$ | Zone |
| | 规划分区（ZoneSp） | 市域 | 1m$^2$ | ZoneSp |
| | 停车场（Garage\ParkingLot） | 市域 | 1m$^2$ | Garage\ParkingLot |
| | 对外交通枢纽（TrafficHub） | 市域 | 1m$^2$ | TrafficHub |
| | 河流（Water） | 市域 | 1m$^2$ | Water |
| | 山体（Mountain） | 市域 | 1m$^2$ | Mountain |
| | 建筑物（Building） | 市域 | 1m$^2$ | Building |
| 统计表格 | 调查点流量 | 市域 | | Count-SurveyV |
| | 查核线流量 | 市域 | | ScreenLine-SurveyV |
| | 社会经济 | 市域 | | Zone |
| | 公交站点客流 | 市域 | | RailStation |
| | 轨道站点客流 | 市域 | | CountLocation |

（3）数据预处理表格结构：对于不同来源的数据，需要在录入规划信息库之前进行预处理，整理出相关数据表，便于批量录入信息库，如表9-6所示。

表9-6　　　　　　　　　　　　　　数据预处理表格

| 数据表名称 | 公交站点(BusStop) | | | | | | | | | |
| --- | --- | --- | --- | --- | --- | --- | --- | --- | --- | --- |
| 数据表字段构成 | 站点名称 | 是否为终点站 | 上客量 | 下客量 | | | | | | |
| 数据表名称 | 轨道站点 (RailStation) | | | | | | | | | |
| 数据表字段构成 | 站点名称 | 是否为终点站 | 上客量 | 下客量 | | | | | | |
| 数据表名称 | 调查点(Count-SurveyV) | | | | | | | | | |
| 数据表字段构成 | 调查点名称 | A-B早高峰流量 | A-B晚高峰流量 | A-B 午高峰流量 | B-A 同 A-B | | | | | |
| 数据表名称 | 路段（Link） | | | | | | | | | |
| 数据表字段构成 | 路段名称 | 路面类型 | 单双行 | 车道数量 | 主类型（道路等级） | 子类型 | 允许交通方式 | 最大车速 | 设计车速 | 白天及晚上客货车通行情况 | 单向高峰小时流量 |
| 数据表名称 | 公交线路（BusLine） | | | | | | | | | |
| 数据表字段构成 | 线路名称 | 发车间距 | 运行速度 | 停靠时间 | 途径节点及站点 | | | | | |
| 数据表名称 | 公交线路及站点（BusStopLine） | | | | | | | | | |
| 数据表字段构成 | 站点编号 | 线路名称 | 停靠时间 | TTF 函数号 | 模型其他参数 | | | | | |

| 数据表名称 | 轨道线路（RailLine） | | | | |
|---|---|---|---|---|---|
| 数据表字段构成 | 线路名称 | 发车间距 | 运行速度 | 停靠时间 | 途径节点及站点 |

| 数据表名称 | 轨道线路及站点（RailStationLine） | | | | |
|---|---|---|---|---|---|
| 数据表字段构成 | 站点编号 | 线路名称 | 停靠时间 | TTF函数号 | 模型其他参数 |

| 数据表名称 | 查核线（ScreenLine-SurveyV） | |
|---|---|---|
| 数据表字段构成 | 查核线编号 | 调查时间 | 早、中、晚进出高峰流量 |

| 数据表名称 | 交通区划（Zone） | | | | | | | | | |
|---|---|---|---|---|---|---|---|---|---|---|
| 数据表字段构成 | 交通小区编号 | 面积 | 人口 | 岗位 | 产生交通量 | 吸引交通量 | 各等级道路密度 | 信号灯数量 | 公交站点覆盖率 | 轨道站点覆盖率 |

| 数据表名称 | 停车场（Garage\ParkingLot） | | | | | |
|---|---|---|---|---|---|---|
| 数据表字段构成 | 场站名称 | 面积 | 类别 | 建筑形式 | 停车泊位数量 | 收费标准 |

# 9.4 系统构建架构：信息库系统结构与功能

## 9.4.1 系统总体结构

### 1. 系统与外部环境

W市交通规划信息库系统与外部环境关系可用图9-4表示,表现为主要服务于W市规划局交通规划业务需求,同时兼顾相关部门信息共享需求,支持多源数据输入,具有实现多模式交通信息在 GIS 中的管理、更新、统计分析、图表输出、模型共享等功能的专业化地理信息系统。

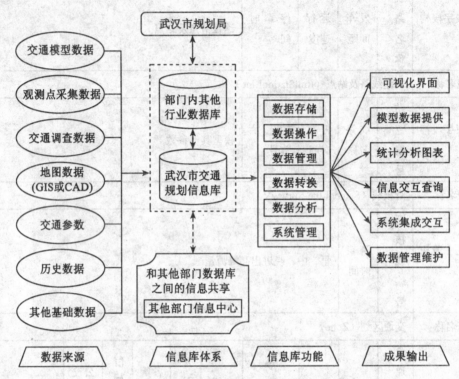

图 9-4　W 市交通规划信息库系统与外部环境关系

## 2. 总体结构分析

根据用户要求和我们以往的项目经验，我们初步设计了系统的应用结构框图，分为服务表达层、功能支撑层、数据管理层、标准规约层及数据接入层，如图 9-5 所示。各层次主要功能如下：

服务表达层：通过与交通模型的集成应用，为交通规划相关领域提供决策支持，如历史与现状统计分析，各类综合性或专项交通规划方案测评、政策效果测评、方案设计辅助等。

功能支撑层：通过 GIS 与专业数据库系统的集成开发，支持上述服务表达所需的基础功能模块，包括数据统计分析、交互查询、编辑更新、模型交互等主要功能子系统。

数据管理层：作为系统的数据核心，通过基于 GIS 的空间基础平台与专业数据库相联系，实现对基础数据的合理存储和管理。

标准规约层：通过数据模型建立与编码，形成功能模块所需的各类交通信息的规范化数据库结构，通过数据和接口的标准化，满足有效信息的传输和转换需求。

数据接入层：通过制定与数据结构相一致的基础数据的录入模板与导入程序，实现基础设施网络、社会经济、机动化水平、定期调查等主要原始信息的便捷接入。

| 服务表达层 | 与交通模型集成应用，提供交通规划决策支持 |
|---|---|
| 功能支撑层 | 基本功能模块，支持功能整合 |
| 数据管理层 | 实现数据组织管理与初步加工 |
| 标准规约层 | 数据编码标准及接口标准化 |
| 数据接入层 | 各类相关交通数据的导入与融合 |

图 9-5　信息库系统总体架构

## 9.4.2　系统功能结构

### 1.　功能需求

根据系统需求、总体结构分析，为便于后期程序设计，特此确定系统功能需求由系统定义、方案管理、数据编辑、统计输出及与 EMME 交互五部分构成。其中系统定义主要定义系统内部相对确定的车辆类型、交通方式及道路等级划定信息；方案管理主要完成方案的生成、存储及删除操作，GIS 系统会将每次操作列入编辑日志，便于后期查找；数据编辑主要完成基础数据的录入、更新及编辑工作，是信息库的数据基础平台；统计输出主要完成基础数据的统计输出功能，根据不同的需求生成统计图表，是系统功能实现的重要表达窗口；与 EMME 交互模块主要完成与 EMME 的交互功能，根据 EMME 数据格式生成其所需的录入文件，在 EMME 中构建基础路网，公交及轨道线网，进行分配，将分配结果导出，编辑成 GIS 能够导入的需求格式，导入 GIS 系统，实现分配结果的真实再现，是本系统的一大技术突破。分别如表 9-7 至表 9-12 所示。

表 9-7　　　　　　　　　　　　　　　　系统定义

| 菜单设置 | 功能说明 |
|---|---|
| 1.　车辆类型 | |
| 2.　交通方式 | 车辆类型、交通方式、道路等级等参数存储管理 |
| 3.　道路等级 | |

表 9-8　　　　　　　　　　　　　　　　方案管理

| 菜单设置 | 功能说明 |
|---|---|
| 1.　添加方案 | 增加空白方案 |
| 2.　打开方案 | 提供下拉菜单选择打开已经存在的方案信息库 |
| 3.　保存方案 | 对已打开的方案所作修改进行保存 |
| 4.　另存为方案 | 以已经打开的方案为基础，另存为另一方案名称 |
| 5.　删除方案 | 选择删除某一不需要再存在方案 |

表 9-9                            数据编辑

| 菜单设置 | | 功能说明 |
|---|---|---|
| 1 路网 | 节点 | 查看编辑节点（节点属性设置编辑），删除节点后将路段自动合并，属性值自动更改前提示更改至目标对象名称 |
| | 路段 | 查看编辑路段（宽度赋值不列入菜单，数据处理过程中提供宽度赋值帮助），添加道路断面设计图、路口设计图或航拍图功能 |
| | 道路 | 查看编辑道路 |
| | 交叉口转向 | 查看编辑交叉口转向，录入调查流量 |
| | 拓扑检查 | 检查过程为分步骤交互进行，可以实现错误跳跃，点击检查时自动跳至错误处（基于 9.2 版本能够支持此功能） |
| | 路段属性自动赋值（不列入菜单） | 不列入菜单，可以在路段添加完毕后，自动弹出对话框完成，制作右键菜单，在输入路段 Subtype 后自动赋值于 SubType 相关的其他属性 |
| 2 公共交通 | 公交站点 | 在生成站点时，添加一站点属性为停靠线路名称，明确该站点停靠线路名称，便于站点停靠线路数量的统计，同时也便于后续公交线路的生成 |
| | 生成公交线路 | 指定要生成线路起止点，明确生成线路编号，然后系统根据线路编号亮显线路经过站点，手动连接各站点与节点的路段，最终生成公交线路 |
| | 轨道站点 | 同公交站点 |
| | 轨道路段 | 轨道路段 |
| | 生成轨道线路 | 指定要生成线路起止点，明确生成轨道线路编号，系统根据线路编号亮显线路经过站点，手动连接各站点的轨道路段，按对话框操作自动生成轨道线路 |
| | 生成步行边 | 自动生成步行边连接入有支路的交叉口，若步行边需调整，手动完成 |
| 3 交通小区 | 小区边界 | 查看编辑小区边界 |
| | 小区形心 | 自动生成小区几何形心，可手动编辑 |
| | 小区连接线 | 查看与编辑小区连接线 |
| | 生成连接线 | 对话框选择距离后，自动生成小区连接线，可输出到 EMME 作为建模初步参考(若模型建立调试过程中有所更改，需手动对 GIS 信息库方案做相应更改) |
| | 生成期望线 | 生成小区期望线（在录入相关小区 OD 数据表后实现） |
| 4 交通大区（行政区） | 大区边界 | 查看编辑大区边界 |
| | 大区形心 | 自动生成大区几何形心，可手动编辑 |
| | 大区连接线 | 查看与编辑大区连接线 |
| | 生成期望线 | 生成大区期望线 |

| 菜单设置 | | 功能说明 |
|---|---|---|
| 5 调查点位 | 调查点 | 添加、查看编辑调查点，录入调查流量 |
| | 查核线 | 添加、查看编辑调查点，录入调查流量 |
| | 生成查核线 | 添加、查看编辑调查点，录入调查流量 |
| 6 行政区划 | 圈层规划 | 查看编辑圈层图层 |
| | 网　格 | 查看编辑网格图层 |
| 7 其他 | 公交停保场 | 添加、查看编辑公交停保场 |
| | 停车场 | 添加、查看编辑停车场 |
| | 对外交通枢纽 | 添加、查看编辑对外交通枢纽 |

表9-10　　　　　　　　　　　　　　　　统计输出

| 菜单设置 | | 功能说明 |
|---|---|---|
| 1 道路 | 节点图 | 节点图 |
| | 交叉口转向图 | 交叉口转向图 |
| | 中线图 | 道路中线图 |
| | 道路等级图 | 道路等级色阶图 |
| 2 公共交通 | 公交站点图 | 查看公交站点图 |
| | 公交线网图 | 查看公交线网图 |
| | 公交站点覆盖图 | 查看公交站点覆盖图 |
| | 公交站点覆盖率图 | 边界选择设置为可选择型，列出选择项，例在导入以交通小区、交通大区、圈层显示覆盖率图及自定义等，如果为自定义则要明确操作导则 |
| | 公交站点客流分布图 | EMME 模型运算成果基础上，以圆饼图实现，饼图大小表示客流量大小，并显示上下客比例<br><br>上60%　下40% |
| | 轨道站点图 | 显示轨道站点图 |
| | 轨道线网图 | 轨道线网图 |

| 菜单设置 | | 功能说明 |
|---|---|---|
| 2 公共交通 | 轨道站点覆盖图 | 轨道站点覆盖图 |
| | 轨道站点覆盖率图 | 同公交站点覆盖率图 |
| | 轨道站点客流分布图 | 同公交站点客流分布图 |
| 3 交通管理 | 灯控路口点位分布图 | 以行政区为划分标准显示灯控路口点位分布图 |
| | 灯控路口分布数统计 | 不同范围数据统计，同路网密度，列选择项小区、大区和圈层及自定义（导则中说明） |
| | 货运管制图 | 显示货运白天禁行和全日进行管制图 |
| 4 交通小区 | 小区边界图 | 显示小区边界图 |
| | 小区人口分布图 | 图示人口密度图，点击各小区显示人口数据 |
| | 小区岗位分布图 | 同上 |
| | 小区产生吸引图 | 显示小区产生吸引图 |
| 5 期望线图 | 小区期望线图 | 显示小区期望线图 |
| | 大区期望线图 | 显示大区期望线图 |
| 6 调查流量 | 调查点流量图 | 调查流量用柱状图表示早、晚高峰调查流量 PCU 值 |
| | 查核线流量图 | 显示查核线流量图 |
| | 路口流量流向图 | 显示路口流量流向图 |
| 7 预测流量 | 路段流量与饱和度分布图 | 基于宏调用 EMME 运算导出的路段流量预测数据，路段饱和度预测数据，用宽度线表示的路段流量，用色阶图表示的饱和度（但运行时间会非常长） |
| | 路段车速分布图 | 显示路段运行车速分布图 |
| | 路段运行时间分布图 | 显示路段运行时间分布图 |
| | 公交线网客流分布图 | 基于宏调用 EMME 运算导出的公交线网客流值，制作客流分布图 |
| | 轨道线网客流分布图 | 基于宏调用 EMME 运算导出的轨道线网客流值，制作客流分布图 |

续表

| 菜单设置 | | 功能说明 |
|---|---|---|
| 8 道路指标统计 | 圈层道路密度图 | 显示圈层道路密度图 |
| | 行政区道路密度图 | 显示行政区道路密度图 |
| | 交通小区道路密度图 | 显示交通小区道路密度图 |
| 9 最短路径 | 生成最短路径 | 调用最 GIS 短路径功能，根据 EMME 导出的时间或长度为权重自动生成最短路径，鼠标指向路径时屏幕显示值 |

表 9-11　　　　　　　　　　　　　　服务水平与颜色对应图

| 服务水平 | 饱和度范围 | 颜色 |
|---|---|---|
| A | <0.4 | 淡绿色 |
| B | 0.4~0.60 | 绿色 |
| C | 0.60~0.75 | 弧蓝色 |
| D | 0.75~0.9 | 蓝色 |
| E | 0.9~1 | 玫瑰红 |
| F | >1 | 红色 |

表 9-12　　　　　　　　　　　　　　与 EMME 交互

| 菜单设置 | 功能说明 |
|---|---|
| 1. GIS 导出至 EMME | 从 GIS 数据文件导出构建 EMME 基础路网、公交线网、小区及连接线 |
| 2. EMME 结果导入 GIS | EMME 预测成果路段流量、v/c、车速、运行时间、公交线网流量与站点上下客量、轨道线网流量与站点上下客量导入 GIS |

### 2. 功能层次结构

在数据流分解的基础上，用层次结构图来表征数据处理逻辑过程在 GIS 交通信息库中的实现方式，即用图形方法表达系统结构和处理功能，形成分层次的系统架构。各层次中的方框，都代表了某个功能模块，其中有些需要在本项目中通过二次开发实现，有些是 ARCGIS 自带功能模块可以实现。分别如图 9-6 至图 9-8 所示。

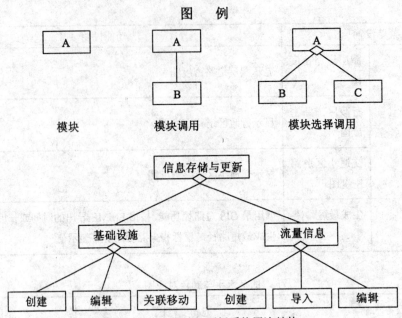

图 9-6　信息存储与更新系统层次结构

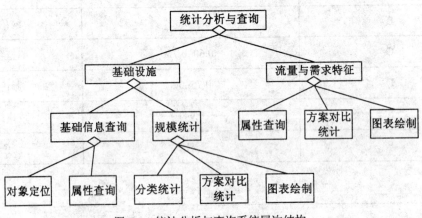

图 9-7　统计分析与查询系统层次结构

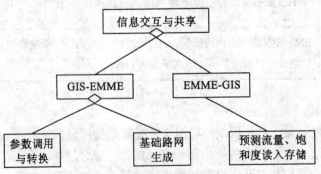

图 9-8　信息交互与共享系统层次结构

### 9.4.3　系统数据结构

**1.　数据结构设计流程**

数据结构设计遵循以下标准化流程建立,下面将对应各步骤对数据结构设计成果进行描述。

（1）识别地理信息系统需要存储、管理和表现的数据产品。

（2）基于上述数据产品分析识别关键数据主题。

（3）确定各数据主题范围与空间表现方式。

（4）将数据主题图层分解为相应的地理信息数据集。

（5）定义数据表结构。

（6）定义数据集关系规则。

（7）进行 Geo-Database 设计。

（8）设计编辑流程和空间表现要求。

（9）定义和建立各主题图层。

（10）建立数据库原型并进行设计修正。

**2.　主要数据产品**

依据 W 市交通规划信息库系统功能需求,我们设计了相应的主要数据产品需求如表 9-13 所示。

表 9-13　　　　　　　　　　　　　　W 市交通规划信息库主要数据产品

| 数据产品 | 几何形式 | 主要属性需求 | 表现需求 |
|---|---|---|---|
| 交叉口 | 点 | 交叉口类型、管理形式、流量流向调查数据 | 地图&图表 |
| 公交站点 | 点 | 站点名称、位置、停靠线路及相关属性 | 地图 |
| 轨道交通站点 | 点 | 站点名称、位置、停靠线路及相关属性 | 地图 |
| 小区型心节点 | 点 | 小区编号 | 地图 |
| 调查点 | 点 | 调查点名称、位置、调查流量数据 | 地图&图表 |
| 路段 | 线 | 名称、相关节点、类型、断面参数、预测流量、交通管理信息 | 地图&图表 |
| 公交路段&路线 | 线 | 线路名称、走向、相关节点、运营信息、预测流量 | 地图&图表 |
| 轨道交通路段&路线 | 线 | 线路名称、走向、相关节点、运营信息、预测流量 | 地图&图表 |
| 查核线 | 线 | 名称、走向、相关路段、调查流量数据 | 地图&图表 |
| 街道 | 线 | 名称、走向、类型、断面参数 | 地图 |
| 连接线 | 线 | 相关节点、类型、断面参数、预测流量 | 地图 |
| 交通小区&大区 | 多边形 | 空间范围、社会经济参数、土地利用、交通需求、设施统计数据 | 地图&图表 |
| 行政区 | 多边形 | 空间范围、社会经济参数、设施统计数据 | 地图&图表 |
| 圈层区域 | 多边形 | 空间范围、社会经济参数、设施统计数据 | 地图&图表 |
| 网格区域 | 多边形 | 空间范围、社会经济参数、设施统计数据 | 地图&图表 |
| 交通枢纽 | 多边形 | 名称、位置、空间范围、设施规模 | 地图 |
| 停车设施 | 多边形 | 名称、位置、空间范围、设施规模、运营信息 | 地图 |
| 公交停保场站 | 多边形 | 名称、位置、空间范围、设施规模 | 地图 |

### 3. 关键数据主题

（1）关键数据主题分类。依据上述数据产品分类及表现需求，建立以下关键数据主题分类如表 9-14 所示。

表 9-14　　　　　　　　　W 市交通规划信息库关键数据主题图层

| 编号 | 数据主题 | 几何形式 | 表现形式 | 编辑需求 |
|---|---|---|---|---|
| 1 | 节点（Node） | 点（Point） | 标签显示 ID | 自动/手动创建、移动、删除、属性编辑 |
| 2 | 转向（Turn） | 线（Line） | 宽度标识流量 | 创建、删除、属性编辑 |
| 3 | 路段（Link） | 线（Line） | 色阶标识等级 | 创建、移动、删除、属性编辑 |
| 4 | 路段左偏移（Link_Left） | 多边形（Polygon） | 宽度标识流量等级 | 流量信息显示 |
| 5 | 路段右偏移（Link_Right） | 多边形（Polygon） | 宽度标识流量等级 | 流量信息显示 |
| 6 | 连接线（Connector） | 线（Line） | 点画线 | 创建、属性编辑 |
| 7 | 小区（Zone） | 多边形（Polygon） | 边界标识 | 导入、创建、属性编辑 |
| 8 | 小区型心（Zone_Centroid） | 点（Point） | 标签显示 ID | 自动创建、属性编辑 |
| 9 | 公交站点（BusStop） | 点（Point） | 站点标识及 ID 标签 | 创建、属性编辑 |
| 10 | 公交线路（BusLine） | 线（Line） | 线路标识 | 选定走向自动生成线路、属性编辑 |
| 11 | 街道（Street） | 线（Line） | 色彩标识等级 | 导入、创建、属性编辑 |
| 12 | 城市轨道路段（Rail） | 线（Line） | 宽度表示流量 | 创建、移动、删除、属性编辑 |
| 13 | 大区（Zone_Big） | 多边形（Polygon） | 边界标识 | 导入、创建、属性编辑 |
| 14 | 停车场（Parking_Lots） | 多边形（Polygon） | 边界标识 | 导入、创建、属性编辑 |
| 15 | 查核线（Screen_Line） | 线（Line） | 线路标识 | 创建、属性编辑 |
| 16 | 调查点（Count_Location） | 点（Point） | 标签标识 | 创建、移动、属性编辑 |
| 17 | 期望线（Desire_Line） | 线（Line） | 连接线标识 | 自动创建、属性编辑 |
| 18 | 期望线偏移（DL_Left,DL_Right） | 多边形（Polygon） | 宽度标识 OD 量 | 自动创建，OD 信息显示 |
| 19 | 圈层（ZoneSp） | 多边形（Polygon） | 边界标识 | 导入、创建、属性编辑 |
| 20 | 网格（Grid） | 多边形（Polygon） | 边界标识 | 导入、创建、属性编辑 |
| 21 | 自定义区划（ZoneTemp） | 多边形（Polygon） | 边界标识 | 导入、创建、属性编辑 |
| 22 | 轨道线路（RailLine） | 线（Line） | 线路标识 | 选定走向自动生成线路、属性编辑 |

（2）数据主题相关关系。根据交通规划流程尤其是交通模型构建对相关地理信息的数据关系需求，建立如下数据主题相关关系，如图 9-9 所示。

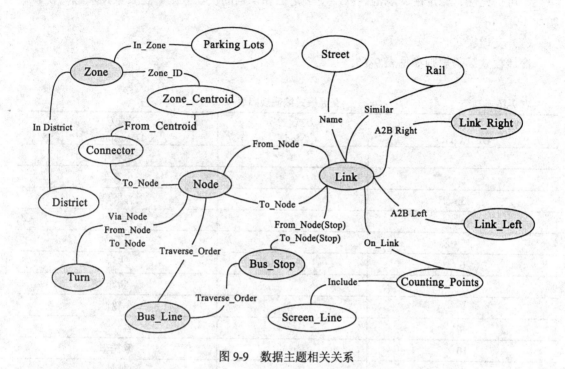

图 9-9 数据主题相关关系

### 4. 相关数据集与数据表

依据数据主题划分及相关数据产品表现需求，建立如表 9-15 所示数据集，分别设计相应数据表。

表 9-15          W 交通规划信息库数据集与相关数据表

| 数据集 | 相关数据表 |
| --- | --- |
| 基础路网数据集 | Node, Link, PedC, Street, LinkBuffer, Rail, Turn, Connector, Desireline, ZoneBig_Connector, ZoneBig_Desireline, Zone_Centroid, ZoneBig_Centroid |
| 公交线网数据集 | BusStop, RailStation, Busline, RailLine |
| 调查流量数据集 | Count_Location, Node_Approach, Turn_Volume, Count_SurveyV, District_OD, ScreenLine_SurveyV, |
| 区划信息数据集 | ZoneTemp, ZoneBig, ZoneSp, ZonePoli, Zone, Grid |
| EMME 交互数据集 | EMME_Link, EMME_Mode, EMME_Node, EMME_Turn, EMME_Vehicle, EMME_Line, EMME_LineToStop, EMME_Zone_OD, EMME_VDF_TTF |
| 其他信息数据集 | ScreenLine, TrafficHub, Garage, ParkingLots, Water, Buildings |

**5. 数据代码体系**

代码设计需要便于信息的统计、查询和更新功能的实现，通常遵循标准化、唯一性、简单性、可扩充性、稳定性、规范性以及便于记忆和识别的设计原则。主要数据项代码设计说明如下。

（1）交通模式。

交通模式编码规则参见表9-16。

表9-16                        交通模式编码规则表

| 方式编号<br>OBJECTID | 方式代码<br>Mode | 交通方式<br>Description |
|---|---|---|
| 1 | a | 机动车 |
| 2 | s | 小客车 |
| 3 | b | 公共汽车 |
| 4 | t | 电车 |
| 5 | c | 自行车 |
| 6 | p | 步行 |
| 7 | l | 货车 |
| 8 | f | 车轮渡 |
| 9 | g | 客轮渡 |
| 10 | m | 摩托车 |
| 11 | r | 地铁 |

（2）交通工具。

交通工具编码规则参见表9-17。

表9-17                        交通工具编码规则表

| 交通工具编号<br>Number | 描述<br>Description | 所属交通方式<br>Mode |
|---|---|---|
| 1 | 小客车 | s |
| 2 | Bus1 | b |
| 3 | Bus2 | b |
| 4 | Bus3 | b |
| 3 | 电车 | t |
| 4 | 自行车 | c |
| 5 | 步行 | p |
| 6 | 货车 | l |
| 7 | 车轮渡 | f |
| 8 | 客轮渡 | g |
| 9 | 摩托车 | m |
| 10 | 地铁 | r |

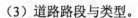

（3）道路路段与类型。

路段编码规则为顺序编码，确保唯一性。

类型编码规则参见表9-18。

表9-18　　　　　　　　　　　　路段类型编码规则表

| 主类型<br>MainType | 道路等级<br>RoadClass | 子类型<br>SubType | 定义<br>Description |
|---|---|---|---|
| 1 | 快速路、高速公路、轨道路段及步行边 | 118 | 机非隔离，8车道 |
| | | 116 | 机非隔离，6车道 |
| | | 114 | 机非隔离，4车道 |
| | | 108 | 机非混行，8车道 |
| | | 106 | 机非混行，6车道 |
| | | 104 | 机非混行，4车道 |
| | | 126 | 6车道（高速公路） |
| | | 124 | 4车道（高速公路） |
| | | 100 | 其他 |
| | | 132 | 轨道路段 |
| | | 140 | 步行边 |
| 2 | 主干路 | 218 | 机非隔离，8车道 |
| | | 216 | 机非隔离，6车道 |
| | | 214 | 机非隔离，4车道 |
| | | 212 | 机非隔离，2车道 |
| | | 208 | 机非混行，8车道 |
| | | 206 | 机非混行，6车道 |
| | | 204 | 机非混行，4车道 |
| | | 202 | 机非混行，2车道 |
| | | 100 | 其他 |
| 3 | 次干路 | 316 | 机非隔离，6车道 |
| | | 314 | 机非隔离，4车道 |
| | | 312 | 机非隔离，2车道 |
| | | 306 | 机非混行，6车道 |
| | | 304 | 机非混行，4车道 |
| | | 302 | 机非混行，2车道 |
| | | 332 | 机非混行，2车道（X坐标增大） |
| | | 331 | 机非混行，1车道（X坐标增大） |

| 主类型<br>MainType | 道路等级<br>RoadClass | 子类型<br>SubType | 定义<br>Description |
|---|---|---|---|
| 3 | 次干路 | 342 | 机非混行，2 车道（X 坐标减小） |
| | | 341 | 机非混行，1 车道（X 坐标减小） |
| | | 352 | 机非混行，2 车道（Y 坐标增大） |
| | | 351 | 机非混行，1 车道（Y 坐标增大） |
| | | 362 | 机非混行，2 车道（Y 坐标减小） |
| | | 361 | 机非混行，1 车道（Y 坐标减小） |
| | | 370 | 0 车道（步行街） |
| | | 300 | 其他 |
| 4 | 主要支路 | 414 | 机非隔离，4 车道 |
| | | 412 | 机非隔离，2 车道 |
| | | 404 | 机非混行，4 车道 |
| | | 402 | 机非混行，2 车道 |
| | | 432 | 机非混行，2 车道（X 坐标增大） |
| | | 431 | 机非混行，1 车道（X 坐标增大） |
| | | 442 | 机非混行，2 车道（X 坐标减小） |
| | | 441 | 机非混行，1 车道（X 坐标减小） |
| | | 452 | 机非混行，2 车道（Y 坐标增大） |
| | | 451 | 机非混行，1 车道（Y 坐标增大） |
| | | 462 | 机非混行，2 车道（Y 坐标减小） |
| | | 461 | 机非混行，1 车道（Y 坐标减小） |
| | | 400 | 其他 |
| 5 | 次要支路 | 514 | 机非隔离，4 车道 |
| | | 512 | 机非隔离，2 车道 |
| | | 504 | 机非混行，4 车道 |
| | | 502 | 机非混行，2 车道 |
| | | 501 | 机非混行，1 车道 |
| | | 500 | 其他 |
| 6 | 出入境道路 | 616 | 机非隔离，6 车道 |
| | | 614 | 机非隔离，2 车道 |
| | | 606 | 机非混行，4 车道 |
| | | 604 | 机非混行，2 车道 |
| | | 600 | 其他 |

| 主类型<br>MainType | 道路等级<br>RoadClass | 子类型<br>SubType | 定义<br>Description |
|---|---|---|---|
| 25 | 禁止通行 | 2504 | 4 车道 |
| | | 2503 | 3 车道 |
| | | 2502 | 2 车道 |
| | | 2501 | 1 车道 |
| 31 | 立交匝道 | 3103 | 3 车道 |
| | | 3102 | 2 车道 |
| | | 3101 | 1 车道 |
| 33 | 过江通道 | 3316 | 跨江桥梁，6 车道 |
| | | 3314 | 跨江桥梁，4 车道 |
| | | 3306 | 过江隧道，6 车道 |
| | | 3304 | 过江隧道，4 车道 |
| | | 3300 | 其他 |
| 34 | | 3416 | 跨江桥梁，6 车道 |
| | | 3414 | 跨江桥梁，4 车道 |
| | | 3406 | 过江隧道，6 车道 |
| | | 3404 | 过江隧道，4 车道 |
| | | 3400 | 其他 |
| 35 | | 3516 | 跨江桥梁，6 车道 |
| | | 3514 | 跨江桥梁，4 车道 |
| | | 3506 | 过江隧道，6 车道 |
| | | 3504 | 过江隧道，4 车道 |
| | | 3500 | 其他 |
| 37 | | 3716 | 跨江桥梁，6 车道 |
| | | 3714 | 跨江桥梁，4 车道 |
| | | 3706 | 过江隧道，6 车道 |
| | | 3704 | 过江隧道，4 车道 |
| | | 3700 | 其他 |
| 40 | | 4016 | 跨江桥梁，6 车道 |
| | | 4014 | 跨江桥梁，4 车道 |
| | | 4006 | 过江隧道，6 车道 |
| | | 4004 | 过江隧道，4 车道 |
| | | 4000 | 其他 |

续表

| 主类型<br>MainType | 道路等级<br>RoadClass | 子类型<br>SubType | 定义<br>Description |
|---|---|---|---|
| 36 | 立交 | 3616 | 高架，6 车道 |
| | | 3614 | 高架，4 车道 |
| | | 3606 | 下穿通道，6 车道 |
| | | 3604 | 下穿通道，4 车道 |
| | | 3600 | 其他 |
| 21 | 型心连线 | 2100 | |

（4）道路节点与类型。

节点编码规则为顺序编码，确保唯一性，阈值为 1～700000。

节点类型编码规则参见表 9-19。

表 9-19                              节点编码规则表

| 节点形式编号<br>Node_Type | 描述<br>Description | 交叉口形式编号<br>Intersection_Type | 描述<br>Description |
|---|---|---|---|
| 1 | 交叉口 | 1 | 平面无控制，有非机动车干扰 |
| | | 2 | 让路方式，有非机动车干扰 |
| | | 3 | 环交方式，无非机动车干扰 |
| | | 4 | 环交方式，有非机动车干扰 |
| | | 5 | 信号灯控制，无非机动车干扰 |
| | | 6 | 信号灯控制，有非机动车干扰 |
| | | 7 | 立体交叉口 |
| 2 | 虚节点 | Null | Null |

（5）交叉口转向。

编码规则：顺序编码，确保唯一性，由起始、终点与经过节点唯一确定。

（6）公交站点。

编码规则：顺序编码，确保唯一性，阈值为 70001~80000。

（7）公交线路。

编码规则：以现有的公交线路名唯一代码公交线路。

（8）公交停车保养场。

编码规则：顺序编码，确保唯一性

（9）轨道站点。

编码规则：顺序编码，确保唯一性，阈值为 80001~90000。

（10）轨道线路。

编码规则：以现有及规划的轨道交通线路名唯一代码轨道线路。

（11）停车场。

编码规则：顺序编码，确保唯一性。

（12）对外交通枢纽。

编码规则：顺序编码，确保唯一性。

（13）交通小区。

小区编码规则：顺序编码，确保唯一性。

小区型心编码规则：顺序编码，确保唯一性，阈值为 100~999。

（14）行政区划。

编码规则：顺序编码，确保唯一性。

（15）圈层区划

编码规则：顺序编码，确保唯一性。

## 9.4.4 网格化应用说明

城市基础数据覆盖范围广，包括了规划、建设、交管及城管等众多方面，且数据源分散于各主管部门，难以实现统一综合管理。为提高城市管理效率，W 市启用了网格化的数据化城市基础数据管理模式。网格划分以最小行政区划社区为单位，确保了长期有效的收集、更新规划设计管理过程中所需的信息。在整个城市的管理过程中，规划/设计工作变得更加科学、更富有内涵，对整个城市的发展将更加具有指导意义。

本项目进行了以方格网为基础的数据管理在交通规划中的应用研究。研究目的是通过应用城市方格网为技术的数据系统，建立基础的交通数据库，对交通基础信息进行以网格为单位的统计分析，并使之融入到 W 市城市规划管理系统中。

## 9.4.5 主要子系统说明

对应系统总体结构及功能需求，该数据库系统将主要由信息存储与更新子系统、统计分析与查询子系统、数据交互与共享子系统构成。

P1：信息存储与更新子系统

由用户提出数据导入或更新需求，并依照标准化的录入模板格式整理原始数据，通过 P1 子系统的数据转换过程，形成城市交通空间数据库成果。

P2：统计分析与查询子系统

用户提出查询要求，通过 P2 子系统的查询响应与成果展示功能，实现对一系列与交通相关的统计信息空间分析功能。

P3：数据交互与共享子系统

由专业规划人员提出信息共享需求，通过 P3 子系统实现与其他规划软件（主要为交通规划软件）的数据交换功能，包括 GIS 数据库基础数据的导出和规划成果导入 GIS 数据库并展示。如图 9-10 所示。

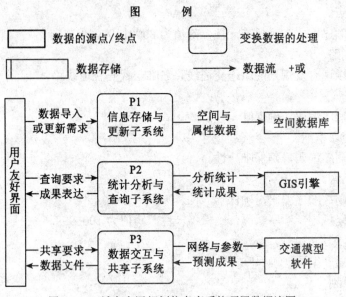

图例

□ 数据的源点/终点　　□ 变换数据的处理

□ 数据存储　　→ 数据流　+或

图 9-10　城市交通规划信息库系统顶层数据流图

根据需求分析，各个子系统采用"模块化"结构科学设计，是保障系统实用性、可扩展性的基础，功能模块与底层的软件模块之间基本存在一一对应关系，以便于系统的后期管理维护、功能扩展升级。主要包括如下功能模块：

数据输入、更新模块：土地利用、人口、居民出行调查、道路变更、公交线网调整等与交通规划信息库密切相关的各信息要素数据的输入、更新编辑、批量导入等功能的实现。

信息查询与空间分析模块：查询、浏览规划信息库的各种信息数据，并采用 SQL 进行数据查询统计分析，或者采用 GIS 的标准空间分析功能统计如公交的可达性分析等。

统计图表制作模块：自动生成、输出、打印信息库数据的各种制图、统计报表等信息，以供决策者和管理者使用，并为交通规划师提供自助图表制作功能。

信息提取模块：主要是面向交通规划师的，用于从规划信息库中提取各种信息，将其自动导出到 EMME3 交通规划软件。

系统管理模块：负责交通规划信息库的模块管理、用户权限管理、数据版本管理等功能的统一管理，综合协调各个模块的功能集成。

数据库维护模块：负责数据库安全、维护、数据备份等功能。

数据交互接口模块：与相关的城市交通模型系统数据交互接口，并支持相关城市规划管理信息系统、某些常用数据提取要求。

上述各个功能模块之间的相互关系如图 9-11 所示。

其中数据库管理模块主要负责底层数据存储管理，采用 SQL 语句实现数据输入、数据更新、数据交互等功能的管理，负责建立数据库变更日志。同时，数据库管理模块与 GIS 的数据引擎协调，实现底层地理信息数据库 GeoDatabase 的统一管理。

GIS 引擎功能模块主要用于基于 GIS 实现交通规划信息库与交通规划流程的"数据集成"和"业务集成"，包括：

（1）GIS 数据库引擎：如 ArcGIS 的空间数据库 ArcSDE 引擎，用于实现面向对象的地理信息数据与商业标准关系数据库管理系统 RDBMS 的集成，可以根据交通基础设施对象的特征，定制它们对应的要素的各种行为；

（2）GIS 标准功能模块——定制开发的 COM 接口：如 ArcGIS 的 ArcObject 基础功能库，可以定制开发各种查询、统计、空间分析功能，便于提高系统工作效率。

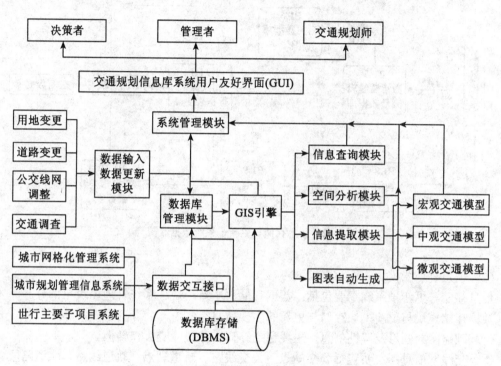

图 9-11　规划信息库各功能模块相互关系示意图

## 1. 信息存储与更新子系统

信息存储与更新子系统由用户提出数据导入或更新需求，并依照标准化的录入模板格式整理原始数据，通过子系统的数据转换过程，形成城市交通空间数据库成果。

（1）子系统数据流分析。

该子系统主要实现道路基础设施、社会经济、流量数据及出行需求等资料的存储与更新操作，详细数据流图如图 9-12 所示。

对于基础设施类数据的导入需求，通过 P1.1~P1.4 的空间和属性数据处理过程实现信息的编辑和更新；

对于流量、社会经济及出行需求等数据的编辑需求，通过 P1.5~P1.7 的数据操作过程实现信息的编辑和更新；

对于流量、社会经济及出行需求等数据的导入需求，通过 P1.8~P1.10 的数据导入转换操作过程实现信息的编辑和更新。

重点大学计算机教材

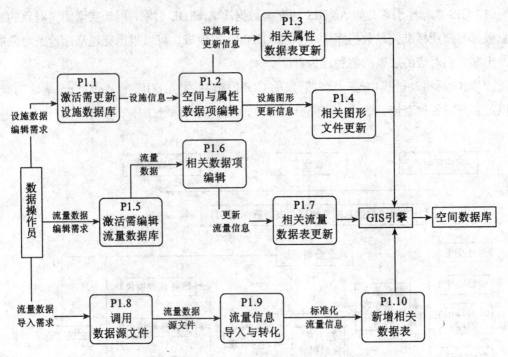

图 9-12　信息存储与更新子系统数据流图

（2）子系统功能模块分析。

信息存储与更新子系统主要包括：数据存储与更新模块、系统管理模块三部分。

数据存储模块与更新模块存储与更新的主要信息有：

①基础路网的图形及属性信息，主要包括路口、路段、交叉口转向。

②公交线网信息：主要包括公交站点、公交线路、轨道站点、轨道线路、轨道路段、步行边。

③交通区划信息：交通小区边界、交通大区边界、行政区划边界、圈层区划、区划型心、区划连接线、区划期望线线形。

④调查流量信息：调查点、查核线、调查路口。

⑤其他信息：停车场、对外交通枢纽、山体、水系、建筑物、铁路等。

⑥相关编辑及拓扑检查功能：重复路段的删除、路段属性自动赋值、节点编号更新等功能。

系统管理模块主要完成方案的生成、保存及删除；用户权限管理；系统公共定义属性的管理，主要包括交通模式、车辆类型、路段类型等；协调各模块的功能集成。

程序模块与功能对应关系如表 9-20 所示。

表 9-20　　　　　　　　　　　程序模块与功能对应关系表

| 模块名称 | 功能 | 相关数据 |
| --- | --- | --- |
| CreateNewCase | 创建新数据库 | 老数据库 |
| SaveAsCase | 另存为方案 | 原始方案数据 |

| 模块名称 | 功能 | 相关数据 |
|---|---|---|
| DeleteCase | 删除各数据库 | 数据库本身 |
| DeleteAllData | 删除数据库中所有数据 | 数据库本身 |
| PopulateFileNames | 列出方案名称 | 所有方案数据文件夹 |
| BusStationExcel.bas | 公交线路节点信息导入 | 公交线路节点 |
| BusTrackSurveyExcel.bas | 导入公交站点上下客特征统计数据 | 公交站点上下客特征统计数据 |
| AddNodeIDtoLink.bas | 添加节点 ID 到 Link 上 | 系统自动赋值的节点 ID |
| AddRailStationIDtoRail.bas | 添加轨道站点 ID 到 Rail 上 | 系统自动赋值的轨道站点 ID |
| AssignSubTypeLink.bas | 添加 Subtype 的信息到 Link 上 | Subtype 数据和每个 Link 的 Subtype |
| CheckDupliNodesChangeCon | 检查连接线和相关节点的连接关系 | 连接线和节点图形以及属性信息 |
| CheckDupliNodesChangeLink | 检查 LINK 和相关节点的连接关系 | LINK 和相关节点的图形以及属性信息 |
| CreateBigZoneConnector | 建立大区连接线 | 交通大区图形信息 |
| CreateConnector | 创建连接线 | 交通小区型心点，相关节点图形信息 |
| CreateDesireLine | 创建期望线线形 | 交通小区型心点图形信息 |
| CreatePedestrianConnector | 创建步行边 | 铁路站点，相关节点，步行边数量，以及节点相关的道路属性信息 |
| CreateStationCov | 生成轨道站点覆盖图层 | 轨道站点，覆盖距离 |
| CreateZoneBigDesireLine | 创建大区期望线线形 | 交通大区型心点图形信息 |
| CreateZoneTempDesireLine | 创建临时区划期望线线形 | 交通临时区划型心点图形信息 |
| DisplayScenario | 显示各方案系统 | 方案数据库本身 |
| ExportBusRoutesToLayer | 生成公交线路 | Node, Link 图形和相关属性 |
| ExportRailLineToLayer | 生成轨道线路 | RailStation, Rail 图形和相关属性 |
| ExportScreenLineToLayer | 生成查核线 | 调查点，LINK 图形和相关属性信息 |
| FunAdvancedEditing | 调用 Advanced Editing 功能 | 无 |
| FunCheckEditingStatus | 检查 Editing 功能是否正在启用 | 无 |
| FunClearSelection | 清除选择 | 无 |
| Functions | 调用 ESRI 内部功能的综合程序模块 | 无 |
| FunStartAttributeWindow | 开启属性视窗功能 | 无 |
| FunStartEditing | 开始编辑功能 | 无 |

续表

| 模块名称 | 功能 | 相关数据 |
|---|---|---|
| FunStartEditTool | 启动编辑工具 | 无 |
| FunStopEditing | 停止编辑 | 无 |
| FunTurnOffAllLayers | 关掉所有数据层 | 无 |
| FunZoomToSelected | ZOOM 到所选单位上 | 无 |
| GetLayerByDatasetName | 依据 MDB 中层的名称判断数据层 | MDB 中层的名称，以及对应的数据层 |
| GetLayerByLayerName | 依据 MAP 中层的名称判断数据层 | MAP 中层的名称，以及对应的数据层 |
| GetPath | 判断数据所在路径 | 无 |
| MergeLinksWhenDeleteBusStop | 删除公交站点图形时合并公交站点所在 LINK | 公交站点，LINK 属性及图形信息 |
| MergeLinksWhenDeleteNode | 删除节点图形时合并节点所在 LINK | 节点，LINK 属性及图形信息 |
| MergeRailWhenDeleteRailStation | 删除轨道站点图形时合并轨道站点所在 Rail | 轨道站点，Rail 属性及图形信息 |
| OpenStandAloneTable | 打开选定 TABLE | Table 名称 |
| ProgressBar | 进程条 | 无 |
| RefreshElement | 更新 Map 中所有的 Element | 无 |
| SnapAgent | 提供 Snap 功能 | 各图层数据 |
| SplitLinkByBusStop | 根据公交站点打断 LINK | 公交站点，LINK 的图形和属性信息 |
| SplitLinkByNode | 根据节点打断 LINK | 节点，LINK 的图形和属性信息 |
| SplitRailByRailStation | 根据轨道站点打断 RAIL | 轨道站点，RAIL 的图形和属性信息 |
| TurnOffTOC | 关掉 Table of Contents 功能 | 无 |

**2. 统计分析与查询子系统**

用户提出查询要求，通过子系统的查询响应与成果展示功能，实现对一系列与交通相关的统计信息空间分析功能。

（1）子系统数据流分析。

统计分析与查询子系统的详细数据流图如图 9-13 所示。

对于常用的定制化信息查询需求，通过 P2.1、P2.2、P2.3、P2.4 的数据处理过程实现交互查询操作及专题图表的生成功能。

对于其他非常规的信息查询需求，由操作员用户利用 ARCGIS 强大的分析查询功能，通过 P2.5 和 P2.6 的 GIS 和数据库操作过程实现信息的自定义查询与专题图表制作。

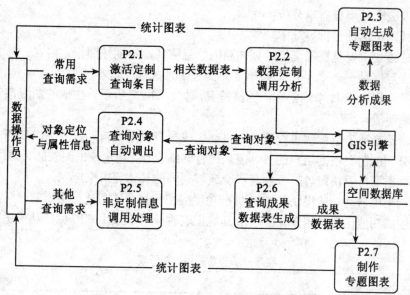

图 9-13　信息存储与更新子系统数据流图

（2）子系统功能模块分析。

统计分析与查询子系统主要包括由信息查询模块、空间分析模块、统计图表制作模块三部分。

信息查询模块主要查询的信息内容有：

①城市现状、规划道路网络信息：城市道路网中不同等级的现状、规划道路统计信息；包括里程、密度、路阻函数参数等统计信息；交叉口数量、灯控数量等统计信息；单个现状、规划的路段、交叉口等对象的属性信息查询。

②交通流量信息：某些道路段面、桥梁交通流量调查信息；部分设置智能交通检测设备的断面交通信息；以数据表格、统计图表等形式显示查询结果。

③城市轨道交通规划信息：轨道站点、线网信息查询；每条轨道交通线路的规划运能信息查询；公交站点服务水平、客流量、公交系统可达性、站点覆盖率等技术指标查询与图形显示；查询结果可以数据表形式显示，也可直接显示于 GIS 图层上。

④城市公交线网、公交站点信息：公交站点信息查询，并在 GIS 图层上加以显示；公交线路走向、车辆类型、发车频率等基本信息查询及图形显示；公交站点服务水平、客流量、公交系统可达性、站点覆盖率等技术指标查询与图形显示。

⑤城市停车信息：停车场的分布、类型、规模、数量、收费政策等基础信息查询与统计。

⑥交通调查信息：居民出行调查信息按小区统计查询：人口、岗位交通引发量等；断面流量调查信息；路口流量调查信息；核查线断面的流量查询；以及其他交通调查信息。

⑦预测流量及期望线信息：路段预测流量；路段运行时间；路段运行速度；路段 V/C；公交及轨道客流分布；公交及轨道站点客流分布；各种区划期望线图。

空间分析模块主要集成 GIS 内部标准的一些叠置分析、缓冲区分析、邻接分析等空间分析功能，用于信息库的基本空间分析与统计，主要包括：

①最短路径分析。

②轨道及公交站点覆盖图。

③轨道及公交站点覆盖率分析；

④公交线网可达性分析等基本功能。

图表生成模块主要是根据交通规划体系的信息需要，定期按照指定格式、形式自动生成统计图、报表等信息——即为分季度/年度的交通信息报告，基本包括：

①综合统计季度/年度平均的车流拥挤情况，如表 9-21 所示。生成的图应该包括图形、图例、统计信息等。

②城市道路交通的总车辆里程信息，自动生成报表，定制自动报表生成功能；

③该部分功能需要根据用户的具体需求进行详细设计，制定输出图表的具体内容、格式、形式等。具体需要按照决策者、管理者和交通规划师的具体需求来定制。

④本咨询采用自动功能模块与 GIS 标准功能应用相结合的方式，常用的、规范的报表可以开发自动生成功能，平时用户需要生成其他报表时，可以采用 GIS 标准功能进行定制。

表 9-21　　　　　　　　　　程序模块与功能对应关系表

| 模块名称 | 功能 | 相关数据 |
|---|---|---|
| CalBusStopBufferArea.bas | 计算公交站点覆盖率 | BusStop 层以及计算覆盖率的距离 |
| CalParkStat.bas | 计算停车场覆盖率 | Parking 层，小区层 |
| CalStationBufferArea.bas | 计算轨道站点覆盖率 | 轨道站点层和计算覆盖率的距离 |
| CalTrafficControlNum | 计算灯控路口数量 | 路口灯控信息，交通小区图形 |
| ChangeToLayoutView | 从 MapView 变化到 Layout View | 无 |
| CreateBusCov | 生成公交站点覆盖图层 | 公交站点，覆盖距离 |
| CreateDesireLineBuffer | 创建小区期望线 OD 图形 | 小区期望线线形和 OD 量 |
| CreateDesireLineBufferB | 创建大区期望线 OD 图形 | 大区期望线线形和 OD 量 |
| CreateLineBuffer | 创建 LINK 的流量图形 | LINK 线形和流量方向数据 |
| CreateRailBuffer | 创建 RAIL 的流量图形 | RAIL 线形和流量方向数据 |
| FunSetLayerSel | 图层选择功能 | 无 |
| FunSetLayerVisible | 显示图层功能 | 无 |
| FunTurnOnOffLabel | 关掉层的 LABEL 信息 | 无 |
| FunTurnOnOneLayer | 关掉某个层 | 无 |
| PopulateCountTimeStamp | 列出调查点调查时间序列 | 调查点调查时间信息 |
| PopulateNodeAppTS | 列出交叉口转向调查的时间序列 | 交叉口转向调查的时间序列 |
| PopulateScreenTimeStamp | 列出查核线时间序列 | 查核线时间序列 |

**3. 信息交互与共享子系统**

由专业规划人员提出信息共享需求，通过 P3 子系统实现与其他规划软件（主要为交通规划软件）的数据交换功能，包括 GIS 数据库基础数据的导出和规划成果导入 GIS 数据库并展示。

（1）子系统数据流分析。

信息交互与共享子系统的详细数据流图如图 9-14 所示。

对于 GIS 数据库向交通模型软件（EMME）的数据提供功能，由数据操作员根据指定模型用数据内容和格式需求，通过 P3.1 和 P3.2 的数据处理和转换过程实现网络与规划参数数据向模型软件的便捷导出，并在 EMME 中实现路网模型构建。

对于模型（EMME）计算成果在 GIS 中的管理与可视化展示功能，通过 P3.3 和 P3.4 过程实现模型预测分析成果在 GIS 数据库系统中的存储，并结合 P2 实现成果展示。

对于其他相关部门业务人员的数据使用需求，由数据操作员根据各项需求的具体情况，通过 P3.5 调用空间数据库中相应数据项，制作和输出数据成果及相关图表。

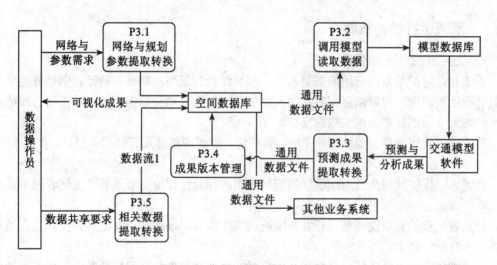

图 9-14　信息共享子系统数据流图

（2）子系统功能模块分析。

信息交互与更新子系统主要包括信息提取模块、数据交互接口模块两部分。如表 9-22 所示。

信息提取模块主要从规划信息库中提取信息，支持交通预测模型基础数据模型构建，包括如下核心功能：

①面向 W 市综合交通规划模型 EMME3 的数据提取、导出功能，用于直接提取最新的道路网、公交及轨道线网、交通区划等基础信息，按照规划软件的需求直接构建交通规划基础路网、公交及轨道网络、小区型心连线、步行边等模型；

②从规划信息库中提取交通小区的土地利用等社会经济数据，用于辅助 UTPS 四阶段模型构建与计算；

③从规划信息库中提取道路断面、桥梁等观测断面的交通技术参数，用于规划模型的标定计算。

重点大学计算机教材

数据交互接口模块为与 W 市综合交通规划模型 EMME3 的数据交互接口，主要支持模型预测分析数据的读入及显示，包括路段流量、运行时间、运行速度及饱和度、公交及轨道路段客流、公交及轨道站点客流分布数据等，并支持相关城市规划管理信息系统、某些常用数据提取要求。

表 9-22 程序模块与功能对应关系表

| 模块名称 | 功  能 | 相关数据 |
|---|---|---|
| EMME3DataPre | GIS 数据到 EMME 数据转换准备 | EMME 相关的 GIS 数据 |
| ExpEMMEtoGIS | 导出 GIS 数据到 EMME | EMME 相关的 GIS 数据 |
| FrEMME3 | 从 EMME3 到 GIS | EMME3 的运行宏 |

# 9.5  服务质量评价：信息库系统运营维护

## 9.5.1  系统运行维护机制

### 1. 系统管理维护组织体系

系统管理维护是系统应用的重要基础，需要结合系统用户群分布特征，明确各类参与人员的管理维护职责，保障信息库数据的及时更新、数据安全与数据一致，使得信息库能够持续不断地为交通规划事务提供数据支持。

其所支持的用户群主要包括决策者、管理者、交通规划师及其他相关用户。如图 9-15 所示。

决策者：提供针对交通系统现状和规划方案的综合性评价图表及其可视化表现形式，辅助战略、政策与规划制定。

管理者：提供交通设施与运行发展情况的统计信息，辅助城市交通规划工作重点的筛选和规划研究计划制定。

交通规划师：这是该信息库的核心用户群，主要是指参与交通规划整个工作流程的相关技术人员，需要根据交通规划的不同工作阶段，提供相应的数据交互需求。

其他用户：需要综合考虑其他可能的用户，支持城市规划建设相关领域管理者对交通基础数据查询需求及其数据操作需求，支持与其他关联子系统的数据交互。

由此，本咨询设计采用如下框架进行系统管理维护，用户可以设置专门的系统管理员或对外委托专门机构订立维护合同，统一、协调系统的管理维护。

系统管理员：系统用户权限管理、数据更新备份机制与系统更新管理，以及综合协调管理。

数据库管理员：负责 GeoDatabase 数据库的维护、数据备份等，需十分熟悉数据流程、备份机制、内容和形式。

数据操作员：负责日常更新与查询工作实施，需熟悉 GIS 操作方法，掌握数据录入、更新、查询等基本操作。

IT 管理员：系统运行环境维护，包括硬件系统和网络系统。

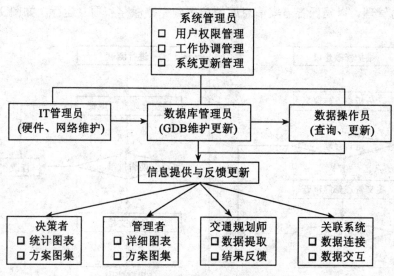

图 9-15 系统管理维护机制框架设想

### 2. 软件平台维护

软件维护是在数据库软件运行和维护阶段对产品所进行必要的调整和修改。进行维护的意义主要体现为：

在运行中发现在测试阶段未能发现的潜在软件错误和设计缺陷；

根据实际情况，需要改进软件设计，以增强软件的功能，提高软件的性能；

要求在某环境下已运行的软件能适应特定的硬件、软件、外部设备和通信设备等新的工作环境，或是要求适应已变动的数据或文件；

为使投入运行的软件与其他相关的程序有良好的接口，以利于协同工作；

为使运行软件的应用范围得到必要的扩充。

根据以上目的可以把维护活动可以归纳为纠错性维护、适应性维护、完善性维护等几类。

纠错性维护：由于系统软件自身的复杂性，特别是为了对运行中新发现的隐错进行改正性维护；

适应性维护：由于系统软件对其硬、软件环境有依赖性。硬、软件环境改变时，系统软件要进行适应性维护；

完善性维护：由于需求的变化，要求增强系统软件功能和提高系统软件性能，系统软件要进行完善性维护。

软件维护是一件复杂而困难的事，必须在相应的技术指导下，按照一定的步骤进行。图9-16 是维护流程。

由此可见，系统软件平台的维护过程也是一个服务价值的增值过程。鉴于系统软件平台的维护在其生命周期中占有重要地位以及其专业性需求，软件平台的运行维护一般需要用户同信息系统开发维护专业机构（如信息库系统开发商）以订立系统软件维护合同的形式予以实施。

### 9.5.2 数据运行维护机制

#### 1. 数据管理更新机制

在信息库管理方面，W 市交通规划信息库采用方案管理机制，通过对现状和规划信息库的方案编号管理，以确保各方案信息库信息得到完整保存和独立运行。如图 9-17 所示。

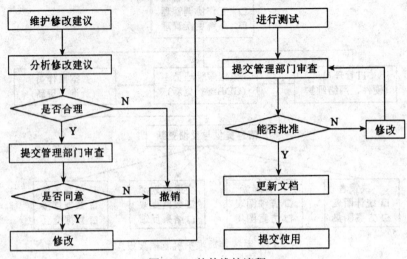

图 9-16　软件维护流程

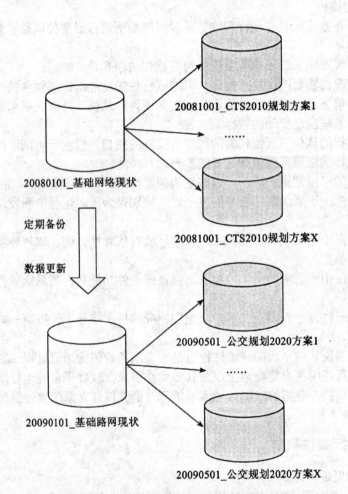

图 9-17　信息库方案管理机制示意图

就数据更新而言，根据数据特性，数据更新需要从以下重点方面着手，需要系统管理员进行统一管理，数据库管理员和数据操作员实施，并编制"数据变更日志"。

空间数据更新：带有空间位置的信息，基于 GIS 平台更新。

属性数据更新：主要是部分静态属性的变更信息，采用 DBMS 或 GIS 更新。

同时，为保障安全，需要使用多种方法对数据库进行备份，如采用光盘、硬盘等多种介质对数据进行定期备份，以便在遭到破坏后能够及时恢复。

**2. 数据源更新机制**

就数据更新来源而言，交通信息库的数据更新主要有如下来源，如表 9-23 所示。

表 9-23　　　　　　　　　　　　　　　　数据源更新机制说明

| 收集项目 | 主要内容 | 数据格式 | 信息源提供部门 | 更新频率 |
|---|---|---|---|---|
| 现状与规划路网 | 路段中心线线形及节点典型横断面 | CAD 或 GIS 和属性数据 | 规划局 | 3 个月 |
| 公交网络 | 线路走向、场站布局、线路运营 | CAD 或 GIS 和统计数据 | 公交公司 | 6 个月 |
| 轨道网络 | 线路走向、场站布局、线路运营 | CAD 或 GIS 和统计数据 | 地铁集团 | 1 年 |
| 停车设施 | 停车场点位分布、面积、停车泊位数、收费标准、运营管理等 | CAD 或 GIS 和统计数据 | 城管局 | 1 年 |
| 对外交通枢纽 | 铁路、港口、客运站和机场的点位分布、规模、历年客流数据、运送能力 | CAD 或 GIS 和统计数据 | 交委、铁路办和民航办 | 1 年 |
| 交通区划 | 交通小区、中区和大区代码 | CAD 或 GIS 的边界图及代码表 | 规划局 | 与区划设置同步更新 |
| 行政区划 | 行政区名称、编码 | CAD 或 GIS 的边界图及代码表 | 公安局 | 与区划设置同步更新 |
| 规划分区 | 核心区、中心区、主城区、外围区的名称和代码 | CAD 或 GIS 的边界图及代码表 | 规划局 | 与区划设置同步更新 |
| 社会经济 | 交通小区人口、户数、就业与就学人口、小区面积 | 统计表格 | 统计局 | 与相关调查同步更新 |
| 土地利用 | 土地利用类别和各类用地面积 | 统计表格 | 规划局 | 6 个月 |
| 其他空间信息 | 铁路、河流走向 | 铁路、河流走向图（CAD 或 GIS） | 规划局 | 与相关信息系统同步更新 |
| 流量 | 路段、桥隧流量、交叉口流量、轨道交通流量、公交流量 | 统计表格 | 规划局、交管局、地铁集团和公交公司 | 与相关调查同步更新 |
| OD | 居民出行和车辆出行 OD | 统计表格 | 规划局 | 与相关调查同步更新 |

城市交通设施的数据更新：城市道路系统变更，公交线路网调整信息，轨道交通规划建设信息等数据更新，均需要按时反馈给交通规划信息库，进行数据更新。

交通运行管理系统信息更新：主要包括比较长期的交通组织管理措施实施情况、信号控制系统检测的交叉口等综合信息。

交通调查数据更新：与交通规划相关的路段流量调查、核查线调查、交叉口流量调查等信息数据，需要及时整理，统一录入信息库中。

相关管理信息系统数据更新：如城市土地利用变更、网格化管理过程中涉及的交通部件发生变更时，需要进行数据更新，应及时反馈到该交通规划信息库中。

在数据源更新机制方面，该信息库成果将采用集中建库管理、集中更新维护的模式，由系统用户负责统一建设和管理，各数据生产部门负责提供原始数据及有关信息。

## 9.6 本章小结

W市交通规划信息库以W市城市及交通发展为背景，以W市城市交通规划体系及发展要求为依托，以现状信息化进程为基础，以完成现有及规划交通基础信息的存储、更新、统计分析及查询、与综合交通规划模型EMME3交互为目标，不仅构建了框架体系，搭建了信息平台，同时又充实了大量的交通基础信息。设计理念科学合理、咨询工作技术路线可行性强、咨询成果报告保证了较强的专业性与实用性，系统成果涵盖信息面广，涉及部门多，数据结构复杂，操作及应用简单，很好地满足了用户需求及合同要求，达到了国内先进水平，为实现W市交通规划信息化迈出了最为坚实的一步，是值得不断深入研究的服务工程实践案例。

参 考 文 献

[1] 白雁，魏庆朝，邱青云. 基于绿色交通的城市交通发展探讨[J]. 北京交通大学学报：社会科学版，2006，5（2）：10-14.

[2] 王钊. 城市生态交通系统综合评价方法研究[C]. 2008城市发展与规划国际论坛论文集，2008：81-85.

[3] 冯相昭，邹骥，郭光明. 城市交通拥堵的外部成本估算[J]. 环境与可持续发展，2009（03）：64-67.

[4] 张瑶. 驾车上班的美国人每年因堵车浪费一星期[N]. 华盛顿观察周刊，2007（35）.

[5] 李国明，孟现红，徐志强，等. 浅谈城市网格化管理[J]. 测绘与空间地理信息，2009，32（6）：141-145.

[6] Zerbe R.O., Croke K.. Urban transportion for the environment[M]. Cambridge，Mass，U.S.A.，Ballinger Publishing Company，2001：25-34.

[7] Kageson P.. Control techniques and stratrgies for regional air pollution from the transport sector the European case[J]. Water，Air and Pollution，1995（1）：89-94.

[8] Chen C., Xu Y., Shang J.C., et al.. Alternatives of strategic environmental assessment for road traffic development planning: case of Changchun City[J]. Chinese Geographical Science 2009，19（1）：25-36.

[9] 邱荣祖，张东水，余德志. 基于 GIS 的城市交通噪声环境影响评价系统[J]. 应用技术，2005
（2）：29-32.

[10] 金国平，徐鹤，刘梦，等. 基于 GIS 的城市综合交通规划环境影响评价支持系统初探[C].
2008 城市发展与规划国际论坛论文集，2008（S1）：81-85.

[11] 杨兆升，王淼. 城市交通系统的灰色统计评估[J]. 公路交通科技，1999，16（2）：49-52.

[12] 尹春娥，马艳，万国华. 可持续发展的城市交通系统评价指标体系[J]. 山西建筑，2005，
31（7）：20-21.

[13] Mcqueen J.. Some methods for classification and analysis of multivariate observations [C].
Proceedings of the Fifth Berkeley SymPosiumon Mathematical Statisties and Probability，
1967：281-297.

[14] 李智，鞠美庭，史聆聆，等. 交通规划环境影响评价的指标体系探讨[J]. 交通环保，2004，
25（6）：16-26.

[15] European Commission. Towards environmental performance indicators for the European
union[J]. Belgium：European Commission，2002：225-232.

[16] 姜玉梅，郭怀成，黄凯，等. 城市生态交通系统综合评价方法及应用[J]. 城市问题，2007，
141（6）：27-30.

[17] 杨卿. 关于北京城市交通发展的法经济学探讨[J]. 路桥经济，2009（6）：661-662.

[18] 王炜. 交通规划[M]. 北京：人民交通出版社，2007：1-20.

[19] 中国公路学会《交通工程手册》编委会. 中国公路学会交通工程手册[S]. 北京：人民交
通出版社，2001.

[20] 易嘉. 城市交通分区合理划分研究[D]. 上海：同济大学建筑系，2007.

[21] 李旭宏. 道路交通规划理论及其应用[M]. 南京：东南大学出版社，1997：177.

[22] Chang K. T.，Khatib Z.，Qu Y.M.. Effects of zoning structure and network detail on traffic
demand modeling [J]. Environment Plan，2002，29（1）：37-52.

[23] Ding C.. The GIS-based human-interactive TAZ design algorithm：examining the impacts of
data aggregation on transportation-planning analysis [J]. Environment Plan，1998，25（4）：
601–616.

[24] Ortuzar J.，Willumsen L.. Modeling transport，3rd ed[M]. New York：Wiley Press，2001：
225-251.

[25] Crevo C.. Impacts of zonal reconfigurations on travel demand forecasts [J]. Transportation
Research Record，1991：72-80.

[26] Openshaw S.. Optimal zoning systems for spatial interaction models [J]. Environment Plan，
1977，9（2）：169-184.

[27] 宋小冬，易嘉. 关于城市交通分区合理性的基础研究[J]. 城市规划学刊，2007，170（4）：
85-91.

[28] Ward J. H.. Hierarchical grouping to optimize an objective function [J]. American Statistics
Association，1963：236-244.

[29] Openshaw S. Optimal zoning systems for spatial interaction models [J]. Environment Plan，
1977，9（2）：169-184.

[30] Martinez L.M.，Viegas J.M.，Silva E.A.. A traffic analysis zone definition：a new methodology

重点大学计算机教材

and algorithm[J]. Transportation，2009，36：581-599.

[31] HAN J.，KAMBER M.. Data mining：concepts and techniques [M]. San Franeisco：Morgan Kaufmann Publishers，2001：142-150.

[32] 尹洪英，徐丽群，黄晶. 动态交通控制分区探讨[C]. 2007 第三届中国智能交通年会，2007：351-355.

[33] 李晓丹，杨晓光，陈华杰. 城市道路网络交通小区划分方法研究[J]. 计算机工程与应用，2009，45（5）：19-22.

[34] 李晓丹，储浩，杨晓光. 城市道路网络交通小区概念解析[J]. 武汉理工大学学报：交通科学与工程版，2009，33（5）：972-975.

[35] 王耀斌，李世武，胡明. 城市停车场规划与设计[J]. 吉林工业大学自然科学学报，2001，31（3）：98-101.

[36] 杨涛，杨明，凌小静，等. 基于差别化策略与规划的城市交通分区方法研究[C]. 第十六届海峡两岸都市交通学术研讨会，2008.

[37] 李铭，环悦，赵小燕. 城市交通政策分区划分方法探讨-以南通市为例[J]. 江苏城市规划，2009，10：1655-1665.

[38] 朱彤. 网格化城市管理技术与方法研究[J]. 研究报告，2009，30：4-5.